SENSATIONELLE
SALATE

SENSATIONELLE SALATE

XENOS Verlagsgesellschaft m.b.H.
Hamburg

ISBN 3-8212-0239-4

Copyright © by Footnote Productions Ltd./
Quarto Publishing Ltd.

Rechte des deutschen Textes 1985 bei
Xenos Verlagsgesellschaft m.b.H., Hamburg

Verlag und Herausgeber der deutschen Ausgabe 1985:
Xenos Verlagsgesellschaft m.b.H., Am Hehsel 42,
2000 Hamburg 63

Gestaltung und Produktion:
Footnote Productions Ltd./Quarto Publishing Ltd.,
The Old Brewery, 6 Blundell Street, London N7 9BH

Umschlaggestaltung:
Künne und Künne Werbeagentur GmbH, Hamburg

Printed in Italy

Inhalt

GRUNDLAGEN	6
Grüne Salate	8
Salate	10
Eine Handvoll Kräuter	14
Getrocknete Kräuter und Gewürze	16
Extra-Zutaten	18
Werkzeug	20
Garnierungen	22
DRESSINGS	26
Öl und Essig	28
Öl	30
Essig	32
Rezepte für Dressings	34
SALATE	44
Rezepte für Salate	46
Gemüsesalate und grüne Salate	49
Bohnen- und Hülsenfrüchtesalate	81
Käsesalate	82
Eiersalate	84
Fisch- und Meeresfrüchtesalate	87
Pasta und Risotto	99
Körnersalate	104
Fleisch- und Geflügelsalate	107
Waldorfsalate	116
Obstsalate	118
Index	126
Quellen	128

GRUND

Dieser Abschni

Grundzutaten

schmackhaften

Er zeigt auch, wie sich ein

verfeinern läßt.

LAGEN

geht im Detail auf die

ein, die sich zu einem

Salat kombinieren lassen.

Salat mit Garnierungen

Grüne Salate

Das Wort Salat hat seinen Ursprung in dem lateinischen Wort *sal*, das Salz bedeutet. Die Römer nahmen Salz, um ihre grünen Salate anzurichten, und sie verwandten es auch zum Konservieren von Lebensmitteln; daher stammt der erweiterte Begriff „Salat".

Larousse definiert Salate als „Gerichte, die aus Kräutern, Pflanzen, Gemüse, Eiern, Fleisch und Fisch zubereitet und mit Öl, Essig, Salz und Pfeffer gewürzt werden, mit oder ohne weitere Zutaten". In Europa gehörten Salate bis zum Ende des 18. Jahrhunderts zur Nahrung des Adels. Es bedurfte der Französischen Revolution, um die Küchenchefs vom Druck adligen Dienstes zu befreien und ihnen zu erlauben, nach einem neuen Weg zu suchen, um ihr Auskommen zu haben. Hiermit wurde die Geburt des klassischen französischen Restaurants eingeleitet, welches die Salate einer breiten Öffentlichkeit bekanntmachte.

Heute haben Salate einen Anstrich des Internationalen. Die indische, mexikanische, thailändische und südamerikanische Küche sind nur einige wenige unter jenen, die ihren Weg auf unseren Tisch gefunden haben. Japanische Salate sind für die Augen wie ein Blumenstrauß, dessen Bestandteile zu Fächern, sich ringelnden Schnitzeln, Rechtecken und Blüten geschnitten und hübsch auf einer Servierplatte arrangiert wurden. Für afrikanische Salate werden Zutaten wie Pisang, Yamwurzeln, Brotfrüchte und Cassava verwendet und auch bekanntere frische Gemüse. Südamerikanische und thailändische Salate haben eher pikante Saucen. Chinesische Salate verlangen gutgewürzte Dressings und enthalten manchmal so fremdartige Kost wie getrocknete Quallen. Kurz, es gibt für jeden Geschmack eine Unmenge von Salaten.

DER GRÜNE SALAT

Wann sollte grüner oder gemischter Salat serviert werden? Die Geschichte gibt uns hierfür einige Hinweise. In der Blütezeit des Römischen Reiches, während der Herrschaft Domitians im 1. Jahrhundert nach Christus, rückten die grünen Salate in der Reihenfolge der servierten Gänge vom letzten auf den ersten Platz auf. Der Grund für diese Änderung ist unbekannt. Bekannt ist, daß manche Römer meinten, grüner Salat mache schläfrig, wenn er als letzter Gang serviert würde. Im Italien der Renaissance begannen üppige Banketts mit üppigen und komplizierten Salaten. Ludwig XIV. von Frankreich war ein Salat-König. Er konsumierte riesige Mengen von Salaten am Anfang, in der Mitte und am Ende eines jeden Mahles. Ein weiterer berühmter Salatliebhaber, wenn auch in bescheidenerem Rahmen, war der französische Autor Alexandre Dumas. Er hatte seinen Salat lieber am Ende einer Mahlzeit. Heutzutage werden Salate zwecks Verdauungshilfe bei einer reichhaltigen Mahlzeit als letztes gereicht; ist die Mahlzeit schlicht, jedoch das Salat gehaltvoll, als erstes, und bei Menschen, die auf ihre schlanke Linie achten, als einziger Gang. Wann sollten Sie Ihren grünen Salat also servieren? Das ist Ihnen freigestellt.

DIE ZUBEREITUNG GRÜNER SALATE

Beim Einkauf von Gemüsen ist deren Frische ausschlaggebend. Welke Gemüse haben einen Teil ihres Wassergehaltes verloren. Bei den heutigen Kühlungs- und Transportmitteln gibt es keine Entschuldigung für welkes Gemüse auf dem Markt. Sobald man mit seinen frischen Salatgemüsen zu Hause angekommen ist, sind diese zu waschen. Es ist praktischer, alle eingekauften Salatgemüse auf einmal zu waschen, als immer nur jeweils die für einen Salat benötigte Menge.

Beim Waschen jeder Art von Blattsalat einschließlich Salaten und Kohlsorten mit festem Kopf sind die Blätter sorgfältig voneinander zu trennen und unter laufendem kalten Wasser zu waschen. Mittelteil und Ansatz jedes einzelnen Blattes auf Schmutz hin überprüfen. Stets welke oder zerquetschte Blätter entfernen.

Bei der Zubereitung eines Salates ist es wichtig, daß die Salatgemüse trocken sind. Wasserrückstände haben zwei unliebsame Auswirkungen. Zum einen läßt Wasser, das an den Salatblättern zurückgeblieben ist, die Blätter welken. Zum anderen wird an den Blättern verbliebenes Wasser sogar bei den herzhaftesten Dressings den Geschmack verwässern und verändern. Zum Trocknen der Salatblätter entweder mit einem Küchenpapier trocken tupfen, in einem Sieb gut abtropfen lassen (was ich vorziehe) oder in einem Durchschlag schleudern.

Vor dem Lagern der Salatgemüse können diese in kleine, mundgerechte Stücke zerpflückt werden (niemals schneiden). Salatgemüse entweder in einem Küchentuch oder Küchenpapier einschlagen, wenn Sie möchten, — jedes Blatt einzeln. Die eingewickelten Salatgemüse in eine Plastiktüte legen und diese dann im Gemüsefach des Kühlschranks lagern. Auf diese Weise ist gewährleistet, daß stets frische Salatgemüse auf den Tisch kommen.

Bei der Zubereitung von Salaten gibt es viele Variationsmöglichkeiten. Grüne Salate können aus Kopfsalat, Paprikaschoten, Gartenkresse, Spinat, Endivien, Chicorée, Gurken und vielen anderen Salatgemüsen hergestellt werden, und meistens werden sie mit einer Salatsauce vermischt.

Die beliebtesten Salatsaucen sind French Dressing (Öl, Essig, Salz und Pfeffer) und Mayonnaise. Für gemischte Salate werden ferner folgende Rohgemüse häufig verwendet: Kohl, Möhren, Blumenkohl, Sellerie, Zwiebeln, Rettich und Tomaten. Je frischer, desto besser.

Salate

Die Zutaten für grüne oder gemischte Salate unterteilen sich in drei Gruppen. Zur ersten gehören Kopfsalate: Lattich- oder römischer Salat, Eisbergsalat usw. Gemüse und Kräuter, die als Salatgemüse verwendet werden können, zählen zur zweiten Gruppe. Alle Extrazutaten wie Pinienkerne und Bohnensprossen bilden die dritte Gruppe.

Endivie, auch krause Endivie oder Chicorée genannt. Ihr bitterer Geschmack wird als scharf und ansprechend beschrieben. Die mittleren Blätter haben einen milderen Geschmack als die äußeren. Für gewöhnlich in Verbindung mit anderen Salatgemüsen verwendet.
Chicorée, auch belgische Endivie oder französische Endivie genannt. Diejenigen, die Chicorée kennen, sagen, er habe einen zarten, bitteren Geschmack. Er ist von allen „Kopfsalaten" der sauberste und ein hochgeschätztes Mitglied der Endivien-Familie.

Pak-choi, auch chinesischer Senfkohl genannt, ist ein Salatgewächs, das heute in Europa angebaut wird. Erkennbar an seinen kalkweißen Stengeln. Sowohl die saftigen Stengel als auch die zarten Blätter haben einen milden Kohlgeschmack.
Chinablattkohl, auch Selleriekohl genannt. Sein Geschmack wurde als eine Mischung zwischen Kohl und Sellerie beschrieben. Heimisch in China und Ostasien. Chinablattkohl gehört eigentlich zur Familie der Senfgewächse. Die knackigen Blätter in der Form des Lattichsalates, die wie beim Kohl einen festen Kopf bilden, vertragen schwerste Salatsaucen.

Chicorée

Pak-choi

Endivie

Sauerampfer

Kresse

Brunnenkresse, zart und prickelnd, mit einem als pfefferig bezeichneten Geschmack. Sie gehört zu den Senfgewächsen und war den Griechen schon 4 000 vor Christus bekannt. Die Blätter der Brunnenkresse sind zart und können leicht zerdrückt werden, deshalb Vorsicht beim Waschen und Lagern. Nicht länger als zwei Tage aufbewahren.

Eichenblattsalat, ein außergewöhnlich locker angeordneter Salat mit einem charakteristischen Geschmack.

Spinat, ein vielseitiges Gemüse: seine Verwendungsmöglichkeiten reichen von Suppen bis zu Gemüsen. Als Salat verwendet, bringt er ein tiefes, kräftiges Grün in die Salatschüssel und dazu noch seinen eigenen einzigartigen Geschmack. Nachdem Spinat jahrzehntelang zu einem glitschigen Brei zerkocht wurde, der unter der Bezeichnung „Popeye's Kraftelixier" lief, ist er jetzt wieder zu einem geschätzten Gemüse und Salatgewächs geworden. Spinat kann leicht zerdrückt werden, also die Blätter vorsichtig waschen und zerpflücken.

Radicchio, ein italienischer Chicorée. Es gibt ihn in zwei farbenfreudigen Varianten: *rosso* mit rosa bis dunkelroten Blättern und weißen Adern und *castelfranco* mit grünen Blättern und bunten Flecken. Der Geschmack vom Radicchio wird als ausgeprägt angegeben.

Eisbergsalat. Das Herz des Eisbergsalates hat einen interessanten Geschmack, die Blätter dagegen sind beinahe geschmacklos. Eisbergsalat ist sehr gekräuselt und braucht die kräftigsten Salatsaucen, wobei er weder welken noch etwas von seinem typischen Geschmack verlieren wird. In den USA wird dieser Salat am meisten gekauft.

Lattichsalat, auch Römischer Salat genannt. Es heißt, dieser Salat habe einen starken, scharfen, angenehm beißenden Geschmack. Ein sehr beliebter Salat, der sowohl allein als auch in Verbindung mit anderen Salatgewächsen wohlschmeckend ist.

Mignonette-Salat, in seiner Form dem Lattichsalat ähnlich. Dieser Salat besitzt dunkelgrüne oder rotschattierte äußere Blätter und hat einen guten Geschmack.

Choy sum, auch Chinablumenkohl genannt. Erkennbar an seinem kleinen gelben Blüten und ausgekehlten Stengeln; ein Salatgewächs mit einem milden Kohlgeschmack. Die Blätter werden im ganzen verwendet oder kleingehackt.

Chinesischer Broccoli, auch unter der Bezeichnung Chinakohl bekannt. Hat einen ausgeprägteren Kohlgeschmack als Choy sum. Die Stengel dieses Salatgemüses sind besonders köstlich. Putzen und verwenden wie gewöhnlicher Broccoli (den oberen Blütenteil des Kohls).

Sauerampfer, auch Ampfer und Sauergras genannt. Er hat einen zitronenähnlichen, sauren und herben Geschmack. Sauerampfer wird kommerziell angebaut und ist auch freiwachsend anzutreffen. Der in Frankreich gezogene Sauerampfer ist hinsichtlich seiner Säure der mildeste. Für Salate lassen sich am besten die zarten jungen Blätter verwenden.

Kresse, ein Oberbegriff, der Gartenkresse, Hochlandkresse und Winterkresse einschließt. Ihr Geschmack ist mild-scharf. Alle Sorten eignen sich gut als Garnierungen für gemischte grüne Salate.

Webb's Salat, eine häufig angebaute Kopfsalatsorte. Seine Blätter sind gekräuselt und er ist knackiger als der zartblättrige Kopfsalat.

Kopfsalat, auch Butterkopf- oder Bostonsalat genannt. Dieses Salatgewächs zeichnet ein feines, süßes, butteriges Aroma aus. Er eignet sich ausgezeichnet für Salate jeglicher Art und nimmt Salatsaucen gut auf. Sorgfältig waschen, weil der Salat zart ist.

Feldsalat, auch Rapunzel genannt. Er hat einen scharfen Beigeschmack. Wächst wild und wird in Europa angepflanzt, läßt sich nicht gut transportieren und ist deshalb für gewöhnlich nur auf den Märkten in der Nähe des Ortes, wo er gezogen oder gepflückt wurde, zu erhalten.

Eine Handvoll Kräuter

Bei der Zubereitung von Salatsaucen ist die Kenntnis der verschiedenen Kräuter und ihres Geschmacks unumgänglich. Es ist relativ einfach, den Duft oder Geschmack eines Krauts zu beschreiben, wenn man ihn mit anderem vergleicht.

Frische Kräuter geben Salaten und Salatsaucen Farbe und Würze. Lediglich zum Garnieren verwendet man ganze Kräuter, ansonsten werden sie kleingehackt. Mit getrockneten Kräutern liegen die Dinge anders. Wenn man frische Kräuter durch getrocknete ersetzen will, ist das Verhältnis etwa ein Drittel zur Hälfte. Wird beispielsweise für ein Rezept 1 EL frisches Basilikum verlangt, so nimmt man ersatzweise nur 1 TL getrocknetes Basilikum. Bevor man jedoch die getrockneten Kräuter untermischt, sollte man folgendermaßen vorgehen: das trockene Kraut mit 1–2 EL der Flüssigkeit verrühren, die für das Rezept benötigt wird, und etwa 25 Minuten stehenlassen. Man kann auch die getrockneten Kräuter mit den Fingern zerdrücken, bevor man sie an die Sauce gibt. Bei der ersten Methode entwickelt sich die Würze besser als bei der zweiten.

Frische Kräuter kann man so aufbewahren: 1. Waschen und abtrocknen. In ein Glas geben und verschließen. Im Kühlschrank aufbewahren. 2. Die Kräuter in einem feuchten Küchenkrepp im Kühlschrank lagern. Die Kräuter niemals vorher kleinhacken.

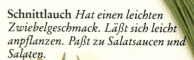

Salbei *Ein pikantes, leicht bitteres Kraut. Sollte sparsam verwendet werden. Für Kalbsschnitzel, Geflügelfüllungen, Nudeln, Leber und Hackfleischgerichte.*

Dill *Erinnert im Geschmack an Kümmel. Ein würziges Kraut, das keine anderen neben sich duldet. Paßt gut zu Gurken, Fischgerichten, Kartoffeln und Eiersalaten.*

Schnittlauch *Hat einen leichten Zwiebelgeschmack. Läßt sich leicht anpflanzen. Paßt zu Salatsaucen und Salaten.*

Balsam *Bei Verwendung dieses nach Zitrone schmeckenden Krautes in Obst- oder anderen Salaten sollte man die Essig- oder Zitronensaftmenge in der Sauce reduzieren.*

Minze *Hat einen typischen frischen Eigengeschmack, der sich mit nichts vergleichen läßt. Paßt zu Joghurt-Saucen und Salaten.*

Thymian *Im Geschmack intensiv aber nicht scharf. Ist eine gute Ergänzung zu Gemüsen und Tomatensalaten.*

EINE HANDVOLL KRÄUTER

Koriander *Unverkennbar im Geschmack. Typisch für asiatische und karibische Küche.*

Basilikum *Leicht nelkenwürziges aber frisches Aroma, erinnert an Lakritze. Paßt zu Gemüse- und grünen Salaten.*

Rosmarin *Ein mehrjähriges aromatisches Gewürz. Sparsam verwenden. Leicht harziges Aroma. Ideal für Geflügel- und Fleischsalate.*

Petersilie *Das Standardgewürz mit frischem, herzhaftem Geschmack. Paßt zu jedem Salat, außer Obstsalat.*

Majoran *Schmeckt stark würzig und intensiv. Gute Ergänzung zu gemischtem grünen Salat, Zucchini- und Geflügelsalat.*

Fenchel *Kraut mit Anisgeschmack. Kommt als Blatt- oder Körnergewürz auf den Markt. Kann an Stelle von Sellerie und Petersilie im Salat verwendet werden.*

Lorbeer *Das bitterscharfe, würzige Kraut kommt von einem mehrjährigen Strauch. Paßt gut zu kalten Reissalaten, Nudelsalaten und Tomatensaucen.*

Zitronen-Geranie *Wird hauptsächlich zum Garnieren verwendet. Dekorative Blätter mit zitronenartigem Aroma. Paßt zu Fischsalaten.*

Getrocknete Kräuter und Gewürze

Das reiche Aroma von getrockneten Kräutern und Gewürzen rührt von ihren würzigen ätherischen Ölen her. Diese verflüchtigen sich bei unsachgemäßer Lagerung. Daher trocken aufbewahren.

Obwohl es immer ratsam ist, frische Kräuter zu verwenden, ist die Mehrzahl von ihnen nur getrocknet als Würzmittel erhältlich. So sind z. B. Pfefferkörner getrocknete Beeren, Nelken sind die getrockneten Knospen des Nelkenbaumes, Zimt ist gemahlene trockene Rinde des Zimtbaumes, Muskat ist ein getrockneter Kern und Kurkuma oder Gelbwurz ist eine getrocknete Wurzel. Doch auch hier ist frische Ware die Hauptsache.

Viele Reformhäuser und Biokostläden verkaufen die Gewürze lose. Dies ist nicht nur vorteilhafter für den Einkauf, sondern auch billiger. Trockene Kräuter oder Gewürze niemals in der Nähe des Herdes oder der Heizung aufbewahren. Bei Wärme verflüchtigt sich ihr Aroma ziemlich rasch. Man sollte sie an einem kühlen, dunklen und trockenen Platz lagern.

Chili-Schoten in einer Papiertüte im Kühlschrank aufbewahren, damit sich die Öle nicht verflüchtigen. Ingwerwurzeln entweder bei Zimmertemperatur aufbewahren oder in feuchter Erde oder Sand vergraben. Hält sich über Monate.

Chili-Pfeffer *Wird aus getrockneten Chilis und Pepperoni gemahlen. Ist sehr scharf und sollte nur in kleinen Prisen verwendet werden. Paßt zu Salaten und Dressings.*

Kreuzkümmel *Gehört zur Familie der Möhren. Gemahlen ist er ein wesentlicher Bestandteil von Curry- und Chilipulver. Die ganzen getrockneten Körner werden zum Würzen verwendet.*

Mohn *Die Samen der Mohnpflanze werden vor allem in der osteuropäischen Küche, der Küche des Nahen Ostens und Indiens verwendet. Sie haben einen angenehmen nußartigen Geschmack.*

Selleriekörner *Die getrockneten Samenkörner der Selleriepflanze werden in Suppen, Eigerichten und bestimmten Salaten verwendet.*

Zimt *Gemahlen oder in Stangenform im Handel. Zimt ist das Innere der getrockneten Rinde des Zimtbaumes (gehört zur Familie der Lorbeergewächse). Gelblich-braune Farbe, schmackhaftes Aroma.*

Getrockneter Kerbel *Mit der süßen Petersilie im Geschmack verwandt — mit leicht pfefferartigem Nachgeschmack. Wird auch die „Petersilie des Feinschmeckers" genannt. Paßt zu grünem Salat, Tomaten-, Kartoffelsalat.*

Dillkraut *Mit der Familie der Petersilie verwandt. Frischer Dill ist ein federartiges Kraut. Kleingehackt und getrocknet heißt es Dillkraut und erinnert im Geschmack an Kümmel.*

Ingwer *Süßlich scharfe Wurzel einer mehrjährigen Pflanze. Am besten frisch verwenden. Getrocknet und gemahlen ist Ingwer Geschmackselement bei vielen Kuchen und Keksen, paßt zu Kompotten und Obstsalaten.*

Getrocknetes Oregano *Verwandt mit dem Majoran, als „Pizza-Gewürz" bei uns bekannt geworden. Stark würziger Geschmack. Wird meistens bei Meeresfrüchten verwendet, um ihnen die letzte Geschmacksverfeinerung zu geben.*

Kardamom-Schoten *Kommen von einer immergrünen Pflanze, mit dem Ingwer verwandt. Die Samen werden zermahlen und das Pulver dient als aromatische Ingredienz in Würzmischungen wie z. B. Currypulver.*

Muskat *Die faserige äußere Hülle der Muskatnuß. Zermahlen wird sie verwendet in Obstsalat, Schokoladenpudding und Kuchen, um ein leichtes Muskataroma zu erreichen.*

Currypulver *Die gebräuchlichsten Bestandteile sind — in verschiedenen Proportionen: Kurkuma (Gelbwurz), Chili, Pfeffer, Kreuzkümmel, Senfkörner, Koriander, Kardamom, Ingwer und Nelkengewürz.*

Thymian *Sehr intensiver Geschmack. Die Blätter, von einer immergrünen Pflanze der Minze-Familie, können frisch oder getrocknet verwendet werden und bilden die Grundlage für das Bouquet garni oder Kräutersträußchen.*

Cayenne-Pfeffer *Ein sehr scharfes Gewürz, wird aus den gemahlenen roten Chilipfefferschoten gewonnen. Nur sehr sparsam verwenden. Paßt zu Käse- und Fischgerichten, Curries und Marinaden.*

Weißer Pfeffer *Pfefferbeeren wachsen auf immergrünen Weinstöcken. Weiße Beeren werden am Weinstock gelassen, bis sie ganz reif sind und die äußere Hülle aufplatzt, die dann entfernt wird.*

Schwarzer Pfeffer *Würziger und schärfer als weißer Pfeffer. Die Beeren werden geerntet, bevor sie reif sind. Beim Mahlen enthalten sie schwarze und weiße Bestandteile.*

Majoran *Aromatisches Gewürz mit minzeartigem Nebengeschmack. Die graugrünen Blätter kommen von einer immergrünen Pflanze der Minze-Familie. Majoran kann frisch oder getrocknet verwendet werden.*

Getrockneter Estragon *Mit seinem leichten Anisgeschmack ist dieses Gewürz gut geeignet für Ei-, Hühner-, gemischte und Meeresfrüchtesalate, auch für Salatdressing und französischen Essig.*

Basilikum *Französisches Basilikum erinnert im Aroma an Nelkengewürz; getrocknet erinnert es mehr an Curry. Das Kraut ist hellgrün. Wenn es in der Sonne getrocknet wird, ist es hellbraun.*

Minze *Nur die grüne Minze und Pfefferminz finden in der Küche Anwendung. Minze hat einen intensiven, starken, süßlichen und würzigen Geschmack. Die Blätter können frisch oder getrocknet verwendet werden.*

Extra-Zutaten

Ausgehend von den Grundnahrungsmitteln, die weltweit verbreitet und erhältlich sind, haben die verschiedenen Länder und Nationen im Laufe der Jahrhunderte verschiedene Geschmacksrichtungen entwickelt und verfeinert. Neue Aromen und Kombinationen werden ständig entdeckt, darum muß kein Geschmack mehr zu kurz kommen.

Bis vor kurzem noch waren Salate eine einseitige Zusammenstellung von Salatblättern, Tomaten- und Gurkenscheiben, die man vorwiegend an heißen Sommertagen anbot. Heutzutage sind Salate auf der Beliebtheitsskala ganz oben, weil sie unter dem Gesichtspunkt „gesund" rangieren.

Die beliebtesten Salate, wie etwa der Nizza-Salat aus Frankreich (Kopfsalat, Thunfisch, Oliven, Anchovis und hartgekochte Eier), Griechischer Bauernsalat (mit Feta oder Schafskäse, Tomaten, Zwiebeln und Oliven) und Waldorf-Salat (Äpfel, Sellerie, Walnüsse und Datteln) sind sehr ausgewogen in Farbe, Geschmack und Zutaten und somit immer eine Augen- wie auch Gaumenfreude.

Hier einige zu Unrecht vernachlässigte Zutaten, mit denen man delikate Salate bereiten kann. Nüsse zum Beispiel eignen sich vorzüglich. In früheren Zeiten wurden sie als Nahrungsmittel und Ölspender angesehen.

Mandeln *Nach dem Schälen werden Mandeln blanchiert, um die bittere Haut zu entfernen. Man kann sie ganz, in Blättern oder kleingehackt verwenden.*

Bohnensprossen *Gewöhnlich handelt es sich um Sojabohnen, die gekeimt haben. Die nahrhaften, knackigen Keimlinge sind ca. 5 cm lang.*

Lotuswurzel (links) *Knackig und mild, hochgeschätzt wegen des dekorativen Musters der in Scheiben geschnittenen Wurzel.* **Bambussprossen** *Knusprig und mild im Geschmack.*

Mungobohnensprossen *Die Sprossen der winzigen, grünen Mungobohne werden oft in orientalischer Küche oder Biokostsalaten verwendet.*

Braune Linsen *Kleine ganze Linsen (andere Sorten sind rote, orangefarbene und grüne Linsen, entweder ganz oder halbiert). Linsen sind schnell gekocht und bereichern einen Salat.*

Cashewnüsse *Knackige, aromatische Nuß, die gewöhnlich geschält verkauft wird. Keine vorgesalzenen Cashewnüsse für Salate verwenden.*

EXTRA-ZUTATEN

Cannellini-Bohnen *Italienische weiße Bohne, ähnlich der französischen Prinzeßbohne. Sie bereichern jeden Salat, haben ein gutes Aroma und nehmen Salatsaucen gut an.*

Tofu (Sojakuchen) *Frischer Sojakuchen hat eine zarte Beschaffenheit und klares Aroma. Wird aus gelben Sojabohnen hergestellt.*

Gebrochener Weizen (Burghul) *Die Weizenkörner werden gekocht und aufgespalten, um sie verdaulich zu machen. Vor dem Zubereiten ist nur kurzes Einweichen erforderlich.*

Eßkastanien (Maronen) *Frisch oder in Dosen erhältlich. Das knusprige weiße Fleisch der Eßkastanie wird oft in chinesischen Gerichten und Salaten verwendet.*

Walnüsse *Sehr typisch und intensive im Geschmack. Halbiert oder kleingeschnitten waren Walnüsse immer schon eine delikate Zugabe für Salate.*

Pinienkerne *Diese Nußart hat einen süßlichen Geschmack und ist sehr ölhaltig. Sie wird überwiegend in der Küche der Mittelmeerländer und im Nahen Osten verwendet.*

Couscous *Wird aus Hartweizen gewonnen. Das milde Aroma wird in Salaten durch Zugabe von Kräutern und Gewürzen angereichert.*

Kichererbsen *Mehlige, ergiebige Hülsenfrucht mit einem süßlich milden Geschmack. Getrocknet und ungekocht oder gekocht in Dosen erhältlich.*

Kapern *Blütenknospen einer Senfpflanze. Kapern werden gewöhnlich eingelegt und haben einen säuerlichen, salzigen Geschmack. Sie bilden eine gute Ergänzung zu Kartoffel- und Gemüsesalaten.*

Werkzeug

Eine gut ausgerüstete Küche entscheidet über die Qualität des Kochens. Mit den richtigen Küchenutensilien kann das Zubereiten einer Mahlzeit sich von Mühe und Arbeit ins reinste Vergnügen verwandeln.

Der vielleicht wichtigste Faktor beim Kochen ist das Küchenwerkzeug. Eine Reihe von scharfen Küchenmessern ist allein schon eine große Hilfe. Man sollte mindestens folgende Messer besitzen: ein großes Allzweck-Küchenmesser zum Schneiden und Zerkleinern, ein kleineres zum Schälen und Entkernen und ein Sägemesser (Buntmesser) zum Schälen und Schneiden von weichem Gemüse und von Obst. Bei den besseren Küchenmessern ist die Klinge fest im Griff verankert und vernietet. Meßlöffel sind nützlich, ebenso Holzlöffel zum Umrühren. Je mehr Löffel, desto besser.

Ein kräftiges Schneidebrett oder Hackbrett ist unerläßlich, ebenso eine Küchenschere, ein Mörser mit Stößel, um die Kräuter und Gewürze zu zerstoßen oder mit anderen Zutaten zu vermengen, und Salz- und Pfeffermühle mit ganzen Pfefferkörnern und groben Salzkörnern, damit das Gewürz immer frischgemahlen verwendet werden kann.

Empfehlenswert ist auch ein Salatdurchschlag, um den gewaschenen Salat auszuschütteln, sowie ein Kräutermesser mit Doppelklinge, um Kräuter und andere Zutaten fein hacken zu können, ohne die Blätter zu zerdrücken. Weiterhin ein Schneebesen zum Rühren und Schlagen von Saucen und Dressings, ein Sparschäler, um Gemüse dünn schälen zu können, eine Knoblauchpresse zum Zerdrücken von Knoblauchzehen und eine Reibe mit verschieden großen Löchern: grob für Kartoffeln, fein für Sellerie, Möhren oder Äpfel und einem Hobel für Gurken, Rettich oder Möhren.

1 2 3 4 5 6 7

1 Durchschlag
2 Küchenmesser
3 Hackmesser für Kräuter
4 Hackbeil für Geflügel und Fleisch
5 Grapefruitmesser mit gebogener Spitze zum Herausheben des Fruchtfleisches
6 Holzlöffel
7 Schneebesen
8 Küchenhobel
9 Küchenschere
10 Schneidebrett
11 Eierschneider
12 Knoblauchpresse
13 Mörser und Stößel
14 Gemüseschäler (Sparschäler)
15 Handreibe (Hobel)
16 Salz- und Pfeffermühle

Garnierungen

Eine Garnierung ist eine dekorative Beilage zu einem Gericht für die Tafel. Das Wort Garnierung wird für pikante Speisen verwendet; das Wort Dekoration bezieht sich eher auf süße Speisen.

Als Faustregel gilt, daß Garnierungen oder Dekorationen immer in einer gewissen Beziehung zu dem zu garnierenden Gericht stehen sollten. So können Garnierungen auch auf die Zutaten hinweisen, aus denen das Gericht besteht.

Das Hauptgericht und die Garnierung sollten möglichst auf gleicher Temperatur gehalten werden — eine kalte Gemüsegarnierung auf einer heißen Speise würde nicht sehr appetitanregend sein.

Da Garnierungen größtenteils dekorativ sind, ist die Wahl der Platte, auf der die Speise auszurichten sein wird, wichtig, um einen wahren Augenschmaus zu erzielen. Eine Auswahl unterschiedlich geformter Platten mit leichten Mustern sieht gefälliger aus als eine Reihe einfacher Platten gleicher Form.

Nachdem man sich für eine Garnierung entschieden und das Gericht auf der passenden Platte angerichtet hat, ist folgendes zu beachten. Wenn zu der Speise eine Sauce (oder Sirup) serviert werden soll, ist zu empfehlen, zuerst das Gericht damit zu überziehen und dabei aufzupassen, daß nur die Sauce über die Platte fließt, wenn beabsichtigt wird, die ganze Platte damit zu bedecken; eine nur teilweise bedeckte Platte sieht unappetitlich aus. Kräuter- oder Gemüsegarnierungen sowie Fruchtdekorationen sehen sauber und frisch aus, wenn sie erst kurz vor dem Servieren auf den Speisen placiert werden.

Man achte darauf, daß die Messer zum Schneiden scharf sind. Ein Buntmesser ist zum Beispiel nützlich, um aus Gurken Streifen zu schneiden. Die Garnierungen sollten zu Stücken gleicher Größe geschnitten werden, und man achte darauf, daß makelloses frisches Obst oder Gemüse verwendet wird.

Eine mit einem Buntmesser zerschnittene Gurke sieht sehr gefällig aus und erfordert nur sehr wenig Mühe. Wenn sie dünn genug zerschnitten wird, können die Scheiben zu Kegeln geformt werden.

GARNIERUNGEN

Sellerielocken
Sellerie unten und oben abschneiden und in Stücke gleicher Länge schneiden. Das eine Ende jeder Stange mehrmals einschneiden, doch ohne den mittleren Teil zu berühren, damit der Sellerie im Stück bleibt. Entweder in dieser Form servieren oder die Sellerielocken in Hälften schneiden und aufrecht stellen. In Eiswasser legen, bis sie sich geöffnet haben.

Orangen- und Zitronen-„Fliegen"
Frucht in dünne, runde Scheiben schneiden. Jeden Ring halbieren. Die Außenkante der Orangen- oder Zitronenscheibe einschneiden bis kurz vor deren Innenkante und zu einer „Fliege" ausbreiten.

Radieschenrosen
Stengel entfernen. Rund um das Radieschen eine Reihe von Blütenblattformen schneiden, die an der Basis miteinander verbunden sind. Weitere Reihen von Blütenblattformen schneiden, bis das obere Ende des Radieschens erreicht ist. Radieschenrose mehrere Stunden lange in Eiswasser legen, bis sie sich öffnet.

Tomaten-Schmetterlinge
Eine feste Tomate genau in Viertel schneiden, die an der unteren Seite miteinander verbunden sind. Sorgfältig die Haut vom Fleisch abziehen, wobei die Tomate immer noch am unteren Ende heil bleiben muß. Obere Enden nach hinten drehen und in die Form eines Schmetterlings bringen.

Orangen- und Zitronen-Zopf
Frucht in dünne Ringe schneiden. Diese von der Außenkante bis zur Innenkante einschneiden und drehen.

Radieschen-Fächer
Unteren Teil des Radieschens entfernen. Mehrmals vom Boden nach oben zerschneiden. In Eiswasser legen, damit sie sich öffnen.

GARNIERUNGEN

Gurkenringe
Die Schale der Gurke dranlassen. In Ringe schneiden. Den Teil mit den Samen aus der Mitte jeder Scheibe entfernen. Jeden Ring einmal zerschneiden und durch Überlappen miteinander verbinden, damit der Eindruck einer Kette entsteht.

Tomatenrosen
Hierzu eine feste Tomate nehmen und die Haut in einem ca. 1 cm breiten, fortlaufenden Streifen entfernen. Mit der fleischigen Seite nach außen wird der Hautstreifen vom unteren Ende her aufgeringelt und daraus mit den Fingern eine Knospe geformt.

Gewürzgurkenfächer
Mit einem scharfen Messer in die Gewürzgurke der Länge nach mehrere Einschnitte machen, diese dabei an dem einen Ende intakt lassen. Die Scheiben sanft auseinanderziehen, um einen Fächer zu formen. Bedeckt halten.

Radieschenlilien
Den Stiel entfernen und mit einem kleinen scharfen Messer 4 bis 6 mal einschneiden, die untere Seite heil lassen. Für einige Stunden in Eiswasser legen, bis es sich öffnet.

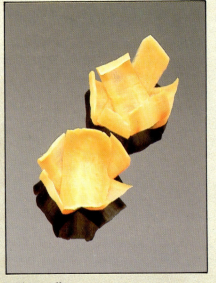

Möhrenrollen
Mit einem Kartoffelschälmesser Streifen aus einer großen, sauberen Möhre herausschneiden. Jeden Streifen zu einer Locke rollen und mit einem Cocktailstäbchen feststecken, um die Form zu bewahren. Für ca. 1 Stunde in Eiswasser legen; Cocktailstäbchen entfernen.

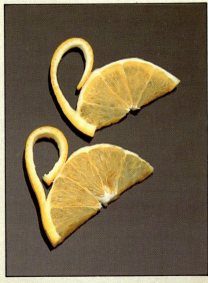

Orangenlocken
Orange in dünne Scheiben schneiden. Diese halbieren. Die Schale von jeder halben Scheibe einschneiden, 1 cm vor dem Ende damit aufhören. Aus der losen Schale eine Locke bilden.

GARNIERUNGEN

So ineinander gelegte Radieschenscheiben beleben einen Salat

Paprikablüten
Stiel an Paprikaschote dranlassen. Die Schale bis zu 1 cm vom Stielansatz der Länge nach in Streifen schneiden. In Eiswasser legen, bis die Paprikaschote sich zu der Form einer Glocke öffnet.

Tomaten-Wasserrose
Tomate zwischen Daumen und Zeigefinger an Ober- und Unterseite halten und gleichmäßige Zickzackschnitte um die Mitte herum mit einem scharfen Messer machen. Sorgfältig die beiden Hälften trennen.

Frühlingszwiebelquasten
Wurzeln von den Frühlingszwiebeln entfernen und diese auf ca. 7 cm verkürzen. Jede der Länge nach durch den Stiel mehrmals bis zu 4 cm vor dem Ende einschneiden. Für ca. 1 Stunde in Eiswasser legen, bis sie sich öffnet.

Gurkenkegel
Gurke in dünne Ringe schneiden. Jede Scheibe von der Mitte bis zur Kante einmal einschneiden. Beide Seiten halten und zu einem Kegel formen.

DRES

Kein Salat ist
hafte Salatsauc
von den vielen
anderen Zutaten, welche in
tionen verwendet werden
Auswahl an Rezepten für

SINGS

vollständig ohne schmack-
Dieser Abschnitt handelt
Sorten von Öl, Essig und
verschiedenen Kombina-
können. Er bietet eine reiche
Salatsaucen und Dressings.

Öl und Essig

Kleider machen Leute, Salatsaucen „machen" den Salat. Der Zweck ist der gleiche: zu gefallen ohne von der Hauptsache abzulenken. Genau wie bei der Kleidung sollten die besten zur Verfügung stehenden Zutaten für das Anrichten eines Salates verwendet werden.

Für einen Salat gibt es vier Saucentypen: Öl mit Essig oder Zitronensaft, Mayonnaise, asiatische Soja- oder Fischsauce und gekochte Salatsaucen. Diese Grundkombinationen ließen eine unendliche Vielfalt von Salatsaucen und Dressings entstehen.

OLIVENÖLE

Für die meisten Salatsaucen wird Öl verwendet, am häufigsten Olivenöl. Für manche ist es das einzige Öl, das überhaupt von kulinarischer Bedeutung ist. Auch wenn dies eine Übertreibung sein mag, so ist das Olivenöl doch eine der ältesten Ölarten, die in der Küche verwendet werden. Seine Geschichte reicht 3 000 Jahre zurück bis nach Mesopotamien, der Wiege der Zivilisation. Kein anderes Öl ist in der abendländischen Küche so lange so beliebt gewesen.

Olivenöl gibt es in vier Qualitätsbezeichnungen, die auf der Verarbeitungsart des Öles basieren und nicht von seiner Güte abhängig sind.

Extrafeines naturreines Olivenöl hat das intensivste Aroma. Es ist das Produkt der ersten Kaltpressung der Olivenernte. Die Farbe dieses Öles pflegt gelbgrün bis dunkelgrün zu sein, was davon abhängt, wie oft das Öl gefiltert wurde. Dieses Olivenöl eignet sich am besten für Salate.

Naturreines Olivenöl ist dunkelgelb und eine Mischung aus dem im letzten Teil der ersten Kaltpressung gewonnenen Öl und der gesamten zweiten Kaltpressung der Oliven. Ein Öl mit mildem Aroma, leichter als das extrafeine naturreine Öl. Auch dieses Olivenöl eignet sich ausgezeichnet für eine Salatsauce.

Reines Olivenöl ist eine Handelsklasse, die ihr Olivenaroma bewahrt hat, zufriedenstellend und als Salatöl relativ preiswert. Reines Olivenöl wird raffiniert, d.h. es wird aus dem hitze- und lösemittelbehandelten Olivenbrei hergestellt, der von den beiden ersten Pressungen übrigbleibt.

Feines Olivenöl ist nicht für Salate zu verwenden. Es wird durch eine weitere Raffinierung des von der Herstellung von reinem Olivenöl zurückgebliebenen Breis hergestellt und kann andere Öle oder Wasser enthalten. Feines Olivenöl eignet sich gut zum Braten.

Extra-extrafeines naturreines Olivenöl ist tiefdunkelgrün bis schwarzgrün und im allgemeinen zu schwer für Salate. Dieses teure, wertvolle Öl wird bei den ersten Drehungen der Olivenpresse hergestellt.

Der Preis von Olivenöl hängt stark davon ab, welche Pressung man kauft. Extrafeines naturreines Olivenöl ist doppelt so teuer wie reines Olivenöl. Auch das Herkunftsland spielt bei der Preisbildung eine Rolle. Französisches Öl mit seiner hellgoldenen Farbe und seinem fruchtigen Geschmack ist das teuerste, und viele halten es für das beste Öl der Welt. Griechische und italienische Olivenöle sind weniger teuer als die französischen und kräftig, robust und aromatisch. Spanisches Olivenöl ist schwer und sollte eher zum Kochen verwendet werden.

ANDERE ÖLSORTEN

Natürlich ist das Olivenöl nicht das einzige Öl, das für Salate zu benutzen ist. Die alten Ägypter stellten Öl aus Lein- und Radieschensamen her. Die frühen Asiaten verwerteten Sojabohnen und Kokosnüsse als Quellen für ihr Öl. Alle diese Ölsorten sind heute immer noch im Gebrauch. Ein Öl, das aber heute nicht mehr verwendet wird, wurde im alten Griechenland dem Opiummohn entzogen. Dieses Opiummohnsamenöl muß wohl ziemlich traumhafte Salatsaucen ergeben haben.

Haselnuß- und Mandelöl: köstliche, aromatische, nußartige Öle. Sie sind sehr leicht und sollten für zarte grüne Salate genommen werden. Diese Öle sind nicht teuer und sollten im Kühlschrank aufbewahrt werden, um ihr frisches Aroma zu schützen.

Erdnußöl: wird in der südostasiatischen Küche weithin benutzt. Sein Erdnußgeschmack ist nicht sehr ausgeprägt.

Walnußöl: ein sehr aromatisches Öl, das den Salatsaucen einen nußartigen Geschmack verleiht. Er ergibt auch eine interessante Mayonnaise, die gut zu Hühnerfleischsalat paßt. Walnußöl ist teuer. Im Kühlschrank aufbewahren, um seine Frische zu erhalten.

Weintraubenkernöl: ein kräftiges, schweres Öl, das meistens in Verbindung mit Pfeffer und/oder Kräutern vorkommt.

Sesamöl: dieses aromatische, aus Sesamsamen hergestellte Öl wird in der asiatischen Küche viel verwendet. Es wird zarten Salaten ein geheimnisvolles Aroma verleihen.

Sonnenblumenkernöl, Maisöl, Baumwollsamenöl, Distelöl und Sojaöl: eher milde Öle, die in ihrem Aroma nur eine kleine Andeutung ihrer Herkunft geben. Man verwende sie, wenn eine leichte Salatsauce gewünscht wird.

Salatöl: ist eine Mischung aus jenen Gemüseölen, welche ein Hersteller billig einkaufen kann, was wiederum vom Weltmarktpreis abhängig ist. Dieselbe Marke kann in einem Monat eine Mischung aus Baumwollsamenöl und Sojaöl enthalten und im folgenden nur Getreideöl. Salatöl ist seinen Preis wert, wenn man nichts anderes als ein mildes Öl haben möchte.

ESSIG

Essig, der zuerst von den Chinesen vor über 3 000 Jahren hergestellt worden ist, besteht aus dem Saft jeder beliebigen Frucht oder eines Samenkorns, der über Alkohol hinaus fermentiert und zur Säure — genau gesagt: Essigsäure — verwandelt wurde. Sein jetziger französischer Name, *vinaigre*, englisch **vinegar**, ist auf die Gallier zurückzuführen, die den

ÖL UND ESSIG

Ebenso, wie von der Qualität des entsprechenden Rohproduktes, ist das Niveau eines Salates abhängig von der Salatsauce, mit der er serviert wird. Achten Sie daher darauf, daß die zur Verwendung kommenden Zutaten die besten sind, die Sie bekommen können (besonders wichtig bei der klassischen französischen Vinaigrette). Weniger auffällige Zutaten, die verwendet werden können, sind Joghurt, saure Sahne, Käse, Honig, Knoblauch, Kräuter und Zitrussäfte.

ÖL UND ESSIG

Wein kennenlernten, als sie von den Römern unterworfen wurden. Meistens war der Wein zu dem Zeitpunkt, an dem die Römer diesen der örtlichen Bevölkerung zu verkaufen begannen, verdorben. Die Gallier nannten den Trank *vin aigre*, oder sauren Wein.

Die zu verwendende Menge an Essig sollte von dessen Stärke abhängig gemacht werden. Die Stärke ergibt sich aus der vorhandenen Menge an Essigsäure. Die meisten für Salate benutzten Essige enthalten zwischen 4 und 6% Essigsäure. Wieviel an Essig zuviel ist, ist eine Frage des Geschmacks. Bei Vinaigrettes zum Beispiel reichen die Proportionsangaben von 1 Teil Essig auf 3 Teile Öl — entsprechend der traditionellen französischen Faustregel — bis zu Elizabeth Davids Empfehlung, 1 Teil Essig auf 6 Teile Öl zu nehmen.

Weinessige werden aus Rotwein, Weißwein, Roséwein, Reiswein, Sherry und sogar aus Champagner hergestellt. Der beste Weinessig kommt aus Frankreich — genauer gesagt: aus Orléans.

Balsamessig ist ein bemerkenswerter süßsaurer Essig, der in Norditalien hergestellt wird. Mindestens 10 Jahre lang lagert er nacheinander in Eichen-, Kastanien-, Maulbeer- und Wacholderfässern. Sein Geschmack und sein Aroma sind unvergleichlich. Laut italienischem Gesetz darf kein Essig als Balsamessig bezeichnet werden, der nicht auf diese Weise verarbeitet wird. Halten Sie sich eine Flasche dieses Spezialessigs in Ihrem Schrank für solche Gelegenheiten, bei denen Sie Ihre Lieblingssalatsaucen veredeln möchten.

ÖL UND ESSIG

1 *Reines Olivenöl: ein preiswertes Qualitätsöl*
2 *Feines Olivenöl: nicht für Salate zu verwenden*
3 *Extra-extrafeines naturreines Olivenöl: selten, teuer und schwer*
4 *Erdnußöl: wird in der südostasiatischen Küche verwendet*
5 *Weintraubenkernöl: schwer*
6 *Sonnenblumenöl: mild, gut für leichte Salatsaucen*
7 *Walnußöl: aromatisch, teuer*
8 *Haselnußöl: zart aromatisch*
9 *Sesamöl: rätselhafter Geschmack*

ÖL UND ESSIG

Cidre-Essig wird aus Apfelsaft gewonnen. Beliebt sowohl bei den Amerikanern als auch bei Anhängern gesunder Kost.

Malzessig ist ein herber Essig, der aus Malz destilliert wird. Wird hauptsächlich in England verwendet. Malzessig sollte sparsam benutzt werden, weil er einen hohen Essigsäuregehalt hat.

Destillierter Essig entsteht aus der Destillation von Samenkörnern. Da er einen hohen Essigsäurespiegel hat, eignet er sich nicht für das Anrichten von Salaten. Am besten läßt sich dieser Essig zum Marinieren oder für Reinigungsarbeiten im Haushalt verwenden.

Obstessige werden aus Obst wie z. B. Birnen und Pflaumen fermentiert. Ihr leichter, frischer Geschmack läßt sie das Spektrum der Salatsaucen wundervoll erweitern. Sie können zu Hause hergestellt (siehe S. 34) oder in Spezialgeschäften gekauft werden.

Kräuteressige sind Essigsorten, in denen Kräuter wie z. B. Basilikum, Rosmarin oder Estragon eingelegt werden. Kräuteressige können eine alltägliche Salatsauce in ein neues Abenteuer des Gaumens verwandeln. Sie sind im Handel erhältlich oder können zu Hause hergestellt werden (siehe S. 34). Andere Geschmackszusätze zu Essig sind Knoblauch, Honig und Zitronenschale.

TIPS FÜR ESSIG

Die Party ist zu Ende und in einigen Flaschen sind noch Reste von Wein übrig. Werfen Sie diese nicht weg. Gießen Sie den Wein in Ihren Essig: Rotwein in Rotweinessig und Weißwein in Weißweinessig. So geht der Vorrat an Essig nicht so schnell zu Ende. Und hier gleich noch ein Tip für Sie: Servieren Sie Salate mit Essig in der Salatsauce nicht auf handbemalten Platten. Der Weinessig würde bald die Farbe auf den Platten wegätzen.

ÖL UND ESSIG

1 *Weißweinessig*
2 *Reiner Rotweinessig*
3 *Rosmarinessig: Essige, in denen Kräuter eingelegt sind, können Salatsaucen von ihrer Eintönigkeit befreien und zu etwas ganz Besonderem machen*
4 *Zitronenweinessig: die Zitrone gibt einen Anflug von Leichtigkeit*
5 *Französischer Weißweinessig: der beste Weinessig kommt aus Orléans*
6 *Himbeerweinessig: verleiht den Salatsaucen ein frisches, leichtes Aroma*
7 *Cidre-Essig*
8 *Französischer Knoblauchessig*
9 *Honig-Cidre-Essig: beliebt bei Anhängern gesunder Kost*
10 *Estragonessig: gut für helle Fleischsalate*

Moderne Vinaigrette

Senf Vinaigrette

KLASSISCHE FRANZÖSISCHE VINAIGRETTE

Dieses Rezept ist die klassische französische Formel, die Generationen von Haute-Cuisine-Küchenmeistern befolgt haben. Es verlangt, daß Öl und Essig im Verhältnis 3 zu 1 verwendet werden, außerdem eine Salzmenge, die nach heutigem Geschmack etwas hoch zu sein scheint. Das Verhältnis von Öl zu Essig sollte entsprechend Ihrem persönlichen Geschmack variiert werden und die angegebene Salzmenge könnte gut und gern halbiert werden.

Ergibt 120 ml

90 ml reines Olivenöl

2 EL/30 ml Weinessig

1 TL Salz

1/8 TL frischgemahlener schwarzer Pfeffer

1. Weinessig, Salz und Pfeffer in eine kleine Holzschüssel geben.
2. Mit Gabel oder Schneebesen schlagen, bis das Salz aufgelöst ist.
3. Olivenöl hinzugeben und schlagen, bis die Mischung sämig wird.
4. Über einen gemischten, grünen Salat gießen und sanft wenden.

MODERNE VINAIGRETTE

Jetzt, wo Sie die klassische Vinaigrette kennen, versuchen Sie die neueste Version. Beachten Sie, daß Zitronensaft und Senf dazu nötig sind und viel weniger Salz gebraucht wird. Dieses Rezept kann halbiert werden und die Vinaigrette wird sich 4 Tage lang gut halten, wenn sie fest zugedeckt und in einem Kühlschrank aufbewahrt wird.

Ergibt 240 ml

2 EL/30 ml Weinessig

1 EL/15 ml Zitronensaft

1 TL Senf

1/4 TL Salz (oder nach Geschmack)

1/8 TL frischgemahlener schwarzer Pfeffer

180 ml reines Olivenöl

1. Essig, Zitronensaft, Senf, Salz und Pfeffer in ein Gefäß mit gutschließendem Deckel geben.
2. Gefäß zudecken und schütteln, bis sich das Salz aufgelöst hat.
3. Olivenöl in das Gefäß geben und schütteln, bis alles gutgemischt ist.

FRISCHER KRÄUTERESSIG

Frische Kräuteressige verleihen Salatsaucen, Marinaden und Pickles einen kräftigeren Geschmack. Zu den zu verwendenden Kräutern zählen Estragon, Basilikum, Rosmarin, Thymian, ganze Knoblauchzehen und grobgehackten Schalotten.

Ergibt 1 l

225 g frische Kräuter

1 l Weiß- oder Rotweinessig

1. Kräuter waschen und trockentupfen. In ein großes Gefäß legen und den Essig darübergießen.
2. Gut verrühren, fest zudecken und das Gefäß an einem dunklen Platz 6 Wochen lang lagern. Das Gefäß alle 2 — 3 Tage schütteln.
3. Essig durch ein Nesseltuch in kleinere Flaschen seihen. Kräuter wegwerfen. In jede Flasche einige frische Kräuterstengel geben. Flaschen fest verschließen und an dunklem Platz lagern.

HIMBEERESSIG

Essige mit Obstaroma können aus Himbeeren, Blaubeeren, Brombeeren, Johannisbeeren, Kirschen und Birnen hergestellt werden.

Ergibt 1 3/4 l

900 g frische Himbeeren

1 l Weißweinessig

700 — 900 g Zucker

1. 450 g der Himbeeren in eine tiefe Schüssel geben. Essig darübergießen und 24 Stunden stehen lassen.
2. Die Mischung durch zwei übereinanderliegende saubere Baumwolltücher seihen. Himbeeren wegwerfen. Die restlichen 450 g Himbeeren in die durchgeseihte Mischung geben. 24 Stunden lang stehen lassen.
3. Die Mischung durch zwei übereinanderliegende saubere Baumwolltücher seihen. Himbeeren in die durchgeseihte Flüssigkeit zurücklegen und weitere 24 Stunden stehen lassen. Das Durchseihen und das Ziehenlassen noch zweimal wiederholen, dabei die Mischung jedesmal 24 Stunden lang ziehen lassen.
4. Die Gesamtmenge der durchgeseihten Flüssigkeit messen. 450 g Zucker pro 450 ml Flüssigkeit hinzugeben. Die übriggebliebenen Himbeeren wegwerfen.

Paprika Dressing

Sahnige Senf-Vinaigrette

5. Flüssigkeit und Zucker in einen großen Kochtopf geben und zum Kochen bringen. 30 Minuten lang kochen lassen, häufig umrühren. Mischung vom Herd nehmen und vollständig abkühlen lassen. Den Himbeeressig in saubere Flaschen gießen und fest verkorken.

PAPRIKA DRESSING

Dieses Dressing paßt gut zu jedem grünen Salat, besonders zu einem grünen Salat mit Pilzen. Soll das Dressing etwas süßer sein, ist zusätzlich 1 EL Honig oder 1 TL Zucker hineinzugeben. Das Dressing wird sich gut 3 Tage lang halten, wenn es fest bedeckt und im Kühlschrank gelagert wird. Die Menge reicht für 2 Portionen

Ergibt 240 ml

1 EL/15 ml Honig

½ TL Salz

1 EL/15 ml Wasser

2 TL Paprika

1 EL/15 ml Dijon-Senf

¼ TL frischgemahlener schwarzer Pfeffer

150 ml reines Olivenöl

60 ml Rotweinessig

1. Honig, Salz und Wasser in ein Gefäß mit festschließendem Deckel geben. Gefäß fest zudecken und schütteln, bis der Honig und das Salz aufgelöst sind.
2. Paprika, Senf und Pfeffer hinzugeben. Gut schütteln.
3. Öl und Essig hinzugeben. Schütteln, bis alle Zutaten sich vermischt haben.

SENF-VINAIGRETTE

In dieser scharfen Version einer Vinaigrette ersetzt Sojasauce einen großen Teil des Salzes und der Pfeffer verleiht Biß. Dieses Dressing eignet sich ausgezeichnet für einen einfachen Salat aus Kopfsalat, Tomaten und Avocados.

Ergibt 120 ml

75 ml reines Olivenöl

2 EL/30 ml Rotweinessig

1 EL/15 ml Dijon-Senf

½ TL getrockneter Thymian

1 ½ TL Sojasauce

¼ TL Salz

¼ TL frischgemahlener schwarzer Pfeffer

1. Olivenöl, Essig und Senf in eine Holzschüssel geben. Mit einer Gabel schaumig schlagen.
2. Thymian und Sojasauce unter Schlagen dazugeben.
3. Mit Salz und Pfeffer würzen. Gut verrühren und über den Salat gießen.

JOGHURT-VINAIGRETTE

Bei dieser Vinaigrette-Art ersetzt der Joghurt das Öl und Zitronensaft den Essig. Mit einem grünen Salat servieren.

Ergibt 100 ml

60 ml Joghurt natur

4 TL frischer Zitronensaft

1 EL/15 ml Dijon-Senf

½ TL getrockneter Thymian

1 ½ TL Sojasauce

¼ TL Salz

¼ TL frischgemahlener schwarzer Pfeffer

1. Joghurt, Zitronensaft und Senf in eine kleine Schüssel geben. Mit Gabel oder Schneebesen schlagen, bis die Mischung etwas schaumig ist.
2. Thymian, Sojasauce, Salz und Pfeffer hineinrühren.

SAHNIGE SENF-VINAIGRETTE

Diese Abwandlung der Senf-Vinaigrette paßt gut zu jedem grünen Salat. Sehr gut eignet sie sich auch für gedünsteten Spargel. Die Salatsauce muß innerhalb einer Stunde nach Fertigstellung verbraucht werden.

Ergibt 120 ml

3 EL/45 ml Olivenöl

2 EL/30 ml Sahne

2 EL/30 ml Rotweinessig

1 EL/15 ml Dijon-Senf

½ TL getrockneter Thymian

1 ½ TL Sojasauce

¼ TL Salz

¼ TL frischgemahlener schwarzer Pfeffer

1. Olivenöl, Sahne, Essig und Senf in eine kleine Schüssel geben. Mit Gabel oder Schneebesen schlagen, bis die Mischung etwas schaumig ist.
2. Den Thymian, die Sojasauce, Salz und Pfeffer unter Schlagen dazugeben.

DRESSINGS

CHINESISCHES DRESSING

Austernsauce nimmt in diesem Dressing einen kleinen, doch bestimmten Platz ein. 1 TL getrocknetes Basilikum oder gemahlener Ingwer wird einen exotischen Beigeschmack geben. Verwenden Sie Chinesisches Dressing zu gemischten, grünen Salaten oder gedünsteten Gemüsen. Im Kühlschrank wird sich das Dressing in einem gutbedeckten Behälter 3 Tage lang halten.

Ergibt 240 ml

2 TL Sojasauce

2 TL Austernsauce

2 TL Wasser

1 Knoblauchzehe, feingehackt

1/4 TL getrocknetes Basilikum

180 ml Erdnußöl

7 TL Reisweinessig

1. Sojasauce, Austernsauce, Wasser, Knoblauch und Basilikum in ein Gefäß mit gutschließendem Deckel geben. Bedecken und schütteln, bis die Zutaten sich vermischt haben. 3 Minuten ziehen lassen.
2. Das Erdnußöl und den Essig in das Gefäß geben, es bedecken und wieder gut schütteln.

BUTTERMILCHDRESSING

Die heutzutage verkaufte Buttermilch ist künstlich gesäuerte Magermilch. Dennoch eignet sie sich gut für ein Dressing. Wollen Sie eine leichtere Version dieser Salatsauce haben, so sind nur 90 ml Buttermilch zu verwenden und der Hüttenkäse kann durch 2 TL Olivenöl ersetzt werden. Versuchen Sie, statt Dill getrockneten Kerbel, Petersilie oder Bohnenkraut zu nehmen. Das Rezept nicht halbieren. Die Buttermilch-Salatsauce läßt sich gut 2 Tage lange aufbewahren, wenn sie zugedeckt im Kühlschrank steht. Sie eignet sich gut für Tomaten-, Gurken- und grüne Salate.

Ergibt 240 ml

120 ml Buttermilch

110 g Hüttenkäse

1 EL feingehackte Zwiebeln

3 EL/45 ml Zitronensaft

1 TL Dill, getrocknet

1/4 TL Salz

1. Alle Zutaten in einen Mixer geben und gut mixen. Sie können auch alle Zutaten in eine Schüssel geben und diese mit einem Schneebesen schlagen, bis sich alle gut vermischt haben.
2. Servieren.

KORIANDERDRESSING

Wollen Sie an Stelle des in diesem Rezept angegebenen getrockneten Korianders frischen Koriander verwenden, so ersetzen Sie die 1 1/2 TL getrockneten Koriander durch 1 1/2 TL frischen. Dressing bei Zimmertemperatur 20 Minuten stehen lassen, bevor es verwendet wird. Korianderdressing paßt sehr gut zu grünen Salaten. Möchten Sie es zu gedünsteten Gemüse servieren, gießen Sie das Dressing über das Gemüse und lassen Sie alles ca. 30 Minuten lange marinieren, bevor Sie es auftragen. Dieses Rezept läßt sich gut halbieren. Im Kühlschrank hält es sich 3 Tage lang.

Ergibt 240 ml

1 1/2 TL Koriander, getrocknet

1/2 TL Basilikum, getrocknet

1/2 TL Schnittlauch, getrocknet

1 EL/15 ml Wasser

1 TL Dijon-Senf

1 Knoblauchzehe, feingehackt

2 EL/30 ml Olivenöl

180 ml Estragonessig

1/8 TL Salz

1. Koriander, Basilikum, Schnittlauch und Wasser in ein Gefäß mit gutschließendem Deckel geben. Zudecken und 15 Sekunden lang gut schütteln.
2. Senf und Knoblauch ins Gefäß geben. Gut bedecken und wieder gut schütteln. Ca. 5 Minuten lang stehen lassen.
3. Öl, Essig und Salz dazugeben. Fest bedecken und wieder 15 Sekunden lang schütteln.

FRANZÖSISCHES GARTENDRESSING

Alle Zutaten in diesem Dressing müssen frisch, frisch, frisch sein! Es paßt herrlich zu Salaten aus Meeresfrüchten oder Rohkost. Versuchen Sie es zu kaltem Roastbeef oder Geflügel. Dieses Rezept sollte nicht halbiert werden. Gut zugedeckt, hält sich das Dressing im Kühlschrank 2 Tage lang.

Buttermilchdressing

Korianderdressing

DRESSINGS

Ergibt 300 ml

60 ml extrafeines naturreines Olivenöl

75 ml Estragonessig

1 Knoblauchzehe, feingehackt

110 g Tomaten, gehackt

2 TL frisches Basilikum, gehackt

1 TL Dijon-Senf

1 EL grüner Paprika, gehackt

1 EL frische Petersilie, gehackt

1 EL Zwiebel, gehackt

1/4 TL Salz

1/4 TL frischgemahlener schwarzer Pfeffer

120 ml reines Olivenöl

1. Alle Zutaten außer dem reinen Olivenöl in einen Mixer geben. Mischen, bis sich alles miteinander verbunden hat und das Öl emulgiert, ungefähr 10 Sekunden.
2. Das restliche Olivenöl dazugeben und 3 Sekunden lang mischen. Vor dem Servieren gut umrühren.

SALATSAUCE MIT SAURER SAHNE

Genau so wie Mayonnaise eignet sich auch saure Sahne ausgezeichnet als Grundlage für Salatdressings. Wollen Sie ein süßes Dressing für Obstsalate haben, übergehen Sie den Senf und den Paprika und geben Sie statt dessen 3 EL/45 ml Honig oder 60 ml frischen Orangensaft dazu.

Ergibt 300 ml

2 EL Zucker

3 EL/45 ml frischer Zitronensaft

1 TL Dijon-Senf

1/4 TL Paprika

1/2 TL Salz

Frischgemahlener schwarzer Pfeffer

240 ml saure Sahne

1. Zucker, Zitronensaft, Senf, Paprika, Salz und Pfeffer in einer Schüssel miteinander vermischen.
2. Die saure Sahne dazugeben. Langsam rühren, bis alles sich gut vermischt hat. Vor dem Servieren abkühlen.

ZITRONENDRESSING

Dieses saure Dressing paßt am besten zu gedünsteten Gemüsen wie Spargel, jungen Erbsen, Broccoli oder Blumenkohl. Es kann im Kühlschrank 2 Tage lang in einem festverschlossenen Behälter aufbewahrt werden. Das Rezept sollte nicht halbiert werden.

Ergibt 180 ml

1 TL Wasser

1/8 TL Salz

1/8 TL geriebene Zitronenschale

2 TL Minze, getrocknet

60 ml frischer Zitronensaft

120 ml reines Olivenöl

1/8 TL gemahlener schwarzer Pfeffer

1. Wasser, Salz und geriebene Zitronenschale in ein Gefäß mit festschließendem Deckel geben. 2 Minuten lang stehen lassen.
2. Die Minze und den Zitronensaft dazugeben. Mit Deckel fest bedecken und schütteln.
3. Olivenöl und schwarzen Pfeffer dazugeben. Gefäß fest zudecken, wieder schütteln und servieren.

SALATSAUCE "EIN HAUCH VON ASIEN"

Diese Salatsauce verleiht einem einfachen Kopfsalat Würze. Hält sich gut bedeckt im Kühlschrank 2 Tage lang.

Ergibt 240 ml

2 TL Sojasauce

2 TL Wasser

1 ganze Frühlingszwiebel, gehackt

1/2 TL Sesamöl

1/4 TL scharfes Chiliöl

1 Knoblauchzehe, feingehackt

1/4 TL gemahlener schwarzer Pfeffer

180 ml Erdnußöl

7 TL Reisweinessig

1. Sojasauce, Wasser, Frühlingszwiebel, Sesamöl, Chiliöl, Knoblauch und schwarzen Pfeffer in ein Gefäß mit gutschließendem Deckel geben. Zudecken und schütteln, bis sich die Zutaten vermischt haben.
2. Das Erdnußöl in das Gefäß dazugeben, fest zudecken und erneut schütteln. Mischung 2 Minuten lang stehen lassen.
3. Essig in das Gefäß geben. Fest zudecken und wieder gut schütteln. Sofort über den Salat gießen.

Französisches Gartendressing

Salatsauce "Ein Hauch von Asien"

DRESSINGS

AMERIKANISCHES DRESSING

Dieses Dressing eignet sich gut für Salate, die krause Endivien oder Eskarol, Löwenzahnblätter und Spinat enthalten. Das Rezept kann halbiert werden. Kurz vor dem Servieren frisch zubereiten.

Ergibt 240 ml

| 240 ml Moderne Vinaigrette (siehe S. 34) |
| 2 hartgekochte Eigelb, zerdrückt |
| 1 Knoblauchzehe, feingehackt |
| 1 EL Petersilie, feingehackt |
| 1 EL süßer grüner Paprika, feingehackt |
| 1 EL süßer roter Paprika, feingehackt |
| 1 EL Frühlingszwiebel, feingehackt |

1. Das French Dressing und die zerdrückten Eigelb in ein Gefäß mit festschließendem Deckel geben. Gut schütteln.
2. Sämtliche restliche Zutaten in das Gefäß geben und kräftig schütteln, bis alle gut gemischt sind.

JAPANISCHES DRESSING

Da sich Currypulver nicht gut hält, wenn es in Verbindung mit Flüssigkeiten kommt, sollte dieses Dressing (das auch dashi enthält, ein japanisches Gewürz, das aus getrocknetem Bonito, d. h. Thunfisch, hergestellt wird) nicht länger als 2 Tage im Kühlschrank gut zugedeckt aufbewahrt werden. Zu gemischten grünen Salaten servieren.

Ergibt 240 ml

| 1½ TL Dashi-Pulver |
| 1 EL/15 ml heißes Wasser |
| 1 TL Honig |
| 1 Knoblauchzehe, feingehackt |
| ¼ TL Currypulver |
| 1 TL Estragon, getrocknet |
| 180 ml reines Olivenöl oder Erdnußöl |
| 3 EL/45 ml Estragonessig |

1. Das *dashi* und das heiße Wasser in ein Gefäß mit gutschließendem Deckel geben. Rühren, bis sich das Pulver völlig aufgelöst hat.
2. Honig und Knoblauch dazugeben. Gefäß gut zudecken und gut schütteln.
3. Currypulver und Estragon dazugeben. Gefäß zudecken und gut schütteln.
4. Öl und Essig dazugeben. Schütteln.
5. 5 Minuten lang stehen lassen, gut schütteln und über den Salat gießen.

CURRY-MAYONNAISE I

Currypulver wird im allgemeinen aus folgenden gemahlenen oder getrockneten Zutaten hergestellt: Kümmel, Kurkuma (Gelbwurz), Koriander, Ingwer, schwarzer Pfeffer, Kardamom, Fenchel, Chili, Pfefferschoten, Muskat, Nelken, Senfkörner und Mohnsamen. Die proportionale Zusammenstellung ist von Koch zu Koch verschieden. Diese Variante der Curry-Mayonnaise eignet sich besonders gut zu Geflügel- oder Garnelensalat. Sie läßt sich gut verschlossen in einem Kühlschrank 3 Tage lang aufbewahren. Rezept nicht halbieren.

Ergibt 300 ml

| 2 TL Currypulver |
| 1 TL Estragonessig |
| 1 kleine Knoblauchzehe, feingehackt |

1. Die Mayonnaise als Grundlage zubereiten, dabei 1 TL Currypulver in die Eimischung geben, bevor diese in das Öl eingerührt wird.
2. Essig, Knoblauch und den restlichen TL Currypulver in die Mayonnaise geben. Gründlich mischen.

CURRY-MAYONNAISE II

Diese sehr würzige Variante der Curry-Mayonnaise paßt gut zu Rohgemüse, besonders zu Blumenkohl. Sie verleiht auch dem Kartoffelsalat eine interessante Note. Wie die vorausgehende Variante, läßt sich auch dieses Dressing gut zugedeckt im Kühlschrank 3 Tage lang aufbewahren. Rezept nicht halbieren.

Ergibt 300 ml

| 240 ml Mayonnaise |
| 2 TL Currypulver |
| 3 EL/45 ml Sahne |

1. Bei der Zubereitung der Grundmayonnaise 1 TL Currypulver in die Eimischung geben, bevor das Öl hineinkommt.
2. Sahne und den zweiten TL Currypulver unter die fertige Mayonnaise schlagen.

SAHNIGE SALATSAUCE

Diese Allzweck-Salatsauce eignet sich gut für grüne Salate, gedünstete Gemüse und Tortellini-Salat. Wenn die Sahnige Salatsauce gut zugedeckt und gekühlt aufbewahrt wird, hält sie sich 2 Tage lang frisch. Rezept nicht halbieren.

Ergibt 120 ml

| 2 EL/30 ml Weinessig |
| 90 ml reines Olivenöl |
| 1 TL Salz |
| ½ TL frischgemahlener schwarzer Pfeffer |
| 2 TL Dijon-Senf |
| 2 Knoblauchzehen, feingehackt |
| 2 TL Crème fraîche oder saure Sahne |

1. Alle Zutaten bis auf die Crème fraîche in ein Gefäß mit gutschließendem Deckel geben. Deckel auflegen und gut schütteln.
2. Crème fraîche in das Gefäß gießen. Gefäß fest zudecken und schütteln, bis sich alles gut vermischt hat.

ROSA MAYONNAISE

Rosa Mayonnaise eignet sich gut für Gemüsesalate. Auch Thunfischsalaten oder Geflügelsalaten verleiht sie eine zusätzliche Würze. Das Rezept kann halbiert werden. Die Mayonnaise kann bis zu 3 Tage in einem gutverschlossenen Behälter im Kühlschrank aufbewahrt werden.

Ergibt 300 ml

| 240 ml Mayonnaise |
| 60 ml Tomatenmark |
| 60 g Piment, feingehackt |
| ½ TL frischer Zitronensaft |
| ½ TL Worcester-Sauce |
| 1 kleine Knoblauchzehe, feingehackt |

1. Mayonnaise und Tomatenmark in einem Gefäß mischen, bis sie sich gut miteinander verbunden haben.
2. Piment, Zitronensaft, Worcester-Sauce und Knoblauch dazugeben. Gut vermischen.

DRESSINGS

TOFU-MAYONNAISE

Tofu- oder Bohnenkäse-Mayonnaise kann stets dann verwendet werden, wenn in einem Rezept Mayonnaise vorgeschrieben ist. In einem gutbedeckten Behälter läßt sie sich im Kühlschrank 3 Tage lang aufbewahren.

Ergibt 600 ml

1 Eigelb

1 TL Senfpulver

2 Stück Tofu, in Würfel geschnitten

60 ml Distelöl oder leichtes Pflanzenöl

100 ml Joghurt, natur

2 EL/30 ml Zitronensaft

1 EL/15 ml Weißweinwessig

½ TL Salz

1. Das Eigelb und den Senf in einen Mixer geben. 3 – 5 Sekunden lang mixen.
2. Tofu und Distelöl dazugeben. 10 Sekunden lang mixen.
3. Joghurt, Zitronensaft, Essig und Salz dazugeben. Mischen, bis die Masse cremig geworden ist.

SAHNEMAYONNAISE

Eine sahnigere, leichtere Variante der Mayonnaise ist dieses Dressing; es sollte zu grünen Salaten oder Salaten mit Tomaten und Gurken verwendet werden. Niemals für einen Salat nehmen, in dem Zwiebeln enthalten sind. Mit der Zugabe von 2 EL gehacktem Piment (süßer roter Paprika, in Dosen oder Gläsern eingemacht) erzielt man eine interessante Variation. Sahnemayonnaise hält sich 2 Tage lang im Kühlschrank, wenn sie fest zugedeckt wird.

Ergibt 360 ml

120 ml Sahne

240 ml Mayonnaise

Salz nach Geschmack

Frischgemahlener schwarzer Pfeffer nach Geschmack

1. Sahne schlagen, bis sie steif, jedoch nicht fest ist.
2. Die Mayonnaise in eine Schüssel mittlerer Größe füllen. Vorsichtig die geschlagene Sahne unterziehen.
3. Mit Salz und Pfeffer abschmecken. Alles gut verrühren.

CRÈME FRAÎCHE

Nur frische Sahne verwenden. Crème fraîche sollte vor dem Servieren mindestens 12 Stunden im Kühlschrank stehen. Gut verschlossen hält sie sich im Kühlschrank 5 – 7 Tage.

Ergibt 240 ml

240 ml Sahne

1 – 2 EL/15 – 30 ml Buttermilch

1. Sahne und Buttermilch (je mehr Buttermilch, desto stärker der Geschmack) in ein Gefäß mit gutschließendem Deckel gießen. Gefäß fest zudecken und 1 – 2 Minuten lang schütteln, bis sich der Inhalt gut vermischt hat.
2. Das Gefäß über Nacht bei Zimmertemperatur stehen lassen (oder bis die Mischung angedickt ist).

JOGHURTMAYONNAISE

Eignet sich gut für Obstsalate, Bohnensprossensalate und Salate aus der krausen Endivie oder Chinablättern. Vor dem Servieren frisch zubereiten, denn sie läßt sich nicht gut aufbewahren.

Ergibt 240 ml

120 ml Joghurt, natur

1 EL/15 ml Honig

1 TL frischer Zitronensaft

90 ml Mayonnaise

¼ TL Salz

1 TL Mohnsamen

1. Joghurt, Honig und Zitronensaft in ein Gefäß geben. Mit einem Holzlöffel gut verrühren, bis alles miteinander vermischt ist.
2. Mayonnaise, Salz und Mohn dazugeben. Verrühren, bis alles gut gemischt ist. Eine Stunde lang kühlen und dann servieren.

AÏOLI

Diese Knoblauchmayonnaise wird traditionsgemäß zu gekochtem Gemüse, Meeresfrüchten und gekochten Kartoffeln serviert.

Ergibt 300 ml

4 Knoblauchzehen

½ TL Salz

2 Eigelb

½ TL Tabasco-Sauce

1 EL/15 ml Zitronensaft

240 ml reines Olivenöl

1 EL/15 ml Weißweinessig

½ TL gemahlener schwarzer Pfeffer

1. Den Knoblauch und das Salz zu einer Paste zerdrücken.
2. Die Knoblauchpaste in eine kleine Rührschüssel geben. Das Eigelb und die Tabascosauce dazugeben. Mit einem Schneebesen schlagen, bis sich alles vermischt hat. Zitronensaft hineinschlagen.
3. 120 ml vom Olivenöl tropfenweise hineinschlagen.
4. Das restliche Olivenöl eßlöffelweise hineinschlagen.
5. Den Essig und den schwarzen Pfeffer dazugeben und die Masse schlagen, bis sie sich gut vermischt hat.

GRÜNE MAYONNAISE

Fischsalate oder rohes Gemüse eignen sich gut für dieses Dressing. Grüne Mayonnaise läßt sich gut 3 Tage im Kühlschrank aufbewahren, wenn sie fest zugedeckt wird. Rezept nicht halbieren.

Ergibt 240 ml

3 EL frischer Spinat, gehackt

3 EL Brunnenkresse, gehackt

3 EL Frühlingszwiebeln, gehackt

3 EL Petersilie, gehackt

240 ml Mayonnaise

½ TL Muskatnuß, gerieben

Salz nach Geschmack

1. Den Spinat, die Brunnenkresse, die Frühlingszwiebeln und die Petersilie in einen kleinen Topf geben. Alles mit Wasser bedecken.
2. Schnell zum Kochen bringen. Kochtopf von der Flamme nehmen. 1 Minute stehen lassen.
3. Das Gemüse gut abtropfen lassen und sorgfältig durch ein Sieb drücken oder in einem Mixer pürieren. Übriggebliebene Flüssigkeit abgießen.
4. Die Mayonnaise in ein Rührgerät oder eine Schüssel mittlerer Größe geben. Das Püree, Muskatnuß und Salz nach Wunsch dazugeben. Verrühren, bis alles gleichmäßig vermischt ist.

Kräuterdressing   Italienisches Dressing

KRÄUTERDRESSING

Wenn frische Kräuter erhältlich sind, nehme man 1 1/2 TL frischen (statt des getrockneten) Schnittlauch bzw. Kerbel. Soll das Kräuterdressing sahnig sein, gebe man 1 EL Sahne hinzu und verwende dafür 1 EL weniger Olivenöl. Dieses Dressing eignet sich gut für grüne Salate, besonders dann, wenn diese Erbsen enthalten. Es läßt sich gut zugedeckt 3 Tage im Kühlschrank aufbewahren. Die Menge läßt sich halbieren.

Ergibt 180 ml

1 EL/15 ml Wasser

1/2 TL Salz

1/2 TL Schnittlauch

1/2 TL Kerbel

1/2 TL Bohnenkraut

1/4 TL frischgemahlener schwarzer Pfeffer

1 TL Frühlingszwiebeln, gehackt

1 EL frische Petersilie, gehackt

120 ml reines Olivenöl

3 EL/45 ml Estragonessig

1. Wasser in ein Gefäß mit festschließendem Deckel gießen und Salz, Kerbel, Schnittlauch und Bohnenkraut dazugeben. 5 Minuten stehen lassen.

2. Pfeffer, Frühlingszwiebeln und Petersilie dazugeben. Gefäß fest schließen und gut schütteln. 2 Minuten stehen lassen.

3. Öl und Essig in das Gefäß geben. Gut zudecken und schütteln. Unverzüglich über den Salat gießen.

ITALIENISCHES DRESSING

Wollen Sie ein bestmögliches Ergebnis erzielen, dann sparen Sie nicht. Verwenden Sie dort, wo sie verlangt werden, extra-extrafeines naturreines Olivenöl und Balsamessig. Dieses Dressing ist aus Italien und eignet sich somit vortrefflich für Antipasti oder einen grünen Salat, der zu einer Pasta als Hauptgericht serviert wird. Die Rezeptmenge kann halbiert werden. Die Sauce hält sich 3 Tage im Kühlschrank, wenn sie gut bedeckt wird.

Ergibt 240 ml

1 EL/15 ml Wasser

1 TL Basilikum, getrocknet

1/4 TL Salz

1/4 TL Oregano, getrocknet

1 ganze Frühlingszwiebel, feingehackt

2 EL/30 ml Balsamessig

2 EL/30 ml Rotweinessig

120 ml extrafeines oder extra-extrafeines naturreines Olivenöl

60 ml reines Olivenöl

1. Wasser, Basilikum, Salz, Oregano und Frühlingszwiebel in ein Gefäß mit gutschließendem Deckel geben. Gefäß fest verschließen, gut schütteln und 5 Minuten lang stehen lassen.

2. Beide Essigsorten zugeben. Das bedeckte Gefäß erneut schütteln.

3. Die Öle dazugeben, schütteln und servieren.

ROQUEFORT-SAURE-SAHNE-DRESSING

Dieses Dressing paßt gut zu jedem grünen Salat, besonders wenn man Eisbergsalat verwendet. Es sollte sofort verwendet werden. Rezeptmenge nicht halbieren.

Ergibt 300 ml

1/4 TL Cayennepfeffer

1/4 TL Salz

Frischgemahlener schwarzer Pfeffer nach Wunsch

2 TL Cidre-Essig

240 ml saure Sahne

110 g Roquefortkäse, zerkrümelt

1. Cayennepfeffer, Salz, Pfeffer und Essig in einer Schüssel vermengen. Rühren, bis sich das Salz aufgelöst hat.

2. Die saure Sahne unterrühren. Den Roquefortkäse dazugeben und gut verrühren. Vor dem Servieren mindestens 1 Stunde lang kühlstellen.

ALLZWECKDRESSING

Probieren Sie dieses Dressing bei grünen Salaten, bei Thunfisch- oder Kartoffelsalat, oder servieren Sie es zu gedämpften Gemüsen. Geben Sie 1 TL Currypulver dazu und probieren Sie es in Verbindung mit Spinat. Das Flüssiggewürz erhalten Sie in Feinkostläden oder Geschäften für orientalische Lebensmittel.

Ergibt 240 ml

180 ml reines Olivenöl

60 ml Estragonessig

2 TL Flüssiggewürz

Hausgemachte Mayonnaise   **Russisches Dressing**

---

1 TL Zucker

½ TL Salz

¼ TL Pfeffer

1 Knoblauchzehe, feingehackt

1 Ei

1. Alle Zutaten in ein Gefäß mit festschließendem Deckel geben. Deckel fest schließen und schütteln, bis sich die Zutaten gut vermischt haben.
2. Servieren.

HAUSGEMACHTE MAYONNAISE

Für die Zubereitung einer Mayonnaise gibt es zwei unbedingt einzuhaltende Faustregeln: die Eier müssen Zimmertemperatur haben und das Öl muß sehr, sehr langsam hinzugegeben werden. Der Geschmack von Mayonnaise ist abhängig von der Sorte und der Qualität des verwendeten Öls und nicht von der Schärfe des Zitronensafts oder des Essigs.

Unter Befolgung des nachstehenden Rezeptes kann eine Anzahl würziger Mayonnaisen hergestellt werden. Für eine Knoblauchmayonnaise sind 1 oder 2 zerdrückte Knoblauchzehen pro Eigelb zuzugeben (s. Rezept auf S. 39). Die Zugabe von ⅛ TL zerdrücktem trockenem Thymian und 2 TL Tomatenmark macht eine Mayonnaise besonders köstlich im Geschmack und schön in der Farbe. Stehen frische Kräuter zur Verfügung, gebe man für jedes Eigelb 2 EL/30 g feingehackten Estragon, Basilikum, Petersilie, Schnittlauch, Gartenkresse oder andere Kräuter dazu. Falls die Mayonnaise zu dick zu sein scheint, 1 zusätzlichen TL Essig oder Zitronensaft darunterschlagen.

Um zu verhindern, daß die Mayonnaise sich trennt, falls sie mehr als eine halbe Stunde vor dem Essen zubereitet wird, 1 EL kochendes Wasser unter die Mischung schlagen.

Sollte sich die Mayonnaise trennen, kann sie dennoch gerettet werden. Versuchen Sie, 1 EL kochendes Wasser darunterzuschlagen. Sollte das nichts nützen, schlagen Sie 1 Eigelb in eine saubere Schale. Langsam die nichtgebundene Mayonnaise zu dem Eigelb geben und dabei die Masse ununterbrochen schlagen.

Mayonnaise läßt sich mindestens 1 Woche lang fest zugedeckt im Kühlschrank aufbewahren. Versuchen Sie nicht, das Rezept zu halbieren.

Ergibt 300 ml

2 Eigelb

1 TL Senfpulver

½ TL Salz

⅛ TL Cayennepfeffer

240 ml reines Olivenöl

2 EL/30 ml Zitronensaft oder Weinessig

1. In einer Schüssel die Eigelb, das Senfpulver, das Salz und den Cayennepfeffer mit Schneebesen oder Gabel schlagen, bis alles dick ist. Entweder mit der Hand schlagen oder mit einem elektrischen Mixer, der auf die für das Schlagen von Schlagsahne benötigte Drehzahl eingestellt wurde.
2. Das Öl tropfenweise langsam und vorsichtig zugeben, dabei die Eigelbmischung unaufhörlich schlagen, bis 120 ml oder die Hälfte des Öls aufgebraucht ist.
3. 1 oder 2 weitere Minuten schlagen. Die Mayonnaise wird nun sämig.
4. Wieder mit dem Schlagen beginnen, dabei 2 EL/30 ml Öl und 1 TL Essig oder Zitronensaft auf einmal dazugeben. So lange wiederholen, bis Öl und Essig aufgebraucht sind. Mit dem Schlagen aufhören, wenn die Mayonnaise so dick wie Schlagsahne geworden ist.

RUSSISCHES DRESSING

Jede Art von Kopfsalat eignet sich für das Russische Dressing. Auf für mit Puter oder Roastbeef belegte Brote ist es ein großartiges Dressing. Soll die Salatsauce einen intensiveren Geschmack bekommen, ist 1 EL Dill zuzugeben. Gut zugedeckt kann dieses Dressing 4 Tage lang im Kühlschrank aufbewahrt werden.

Ergibt 320 ml

240 ml Mayonnaise

1 EL/15 ml Tomatenmark

1 EL/15 ml Rotweinessig

2 EL/30 ml Chili- oder Tabasco-Sauce

1 EL Sellerie, feingehackt

1 EL Zwiebeln, feingehackt

3 EL Kaviar oder Lumpfischrogen

1 EL/15 ml saure Sahne

1 TL Worcester-Sauce

Salz nach Geschmack

1. Alle Zutaten miteinander mischen und gut verrühren. Hierfür eignet sich sowohl ein Mixgerät als auch eine Schüssel mit Holzlöffel.
2. Servieren.

DRESSINGS

THOUSAND-ISLAND-DRESSING

Thousand-Island-Dressing ist so würzig und schwer, daß es vorkommen kann, daß diejenigen, die nur die in Flaschen erhältliche Sorte kennen, sich einfach überwältigt fühlen. Servieren Sie es mit jedem beliebigen Kopfsalat, vor allem mit Eisbergsalat. Im Kühlschrank hält es sich zugedeckt 3 Tage lang. Das Rezept kann halbiert werden.

Ergibt 320 ml

240 ml Mayonnaise

60 ml Chili- oder Tabasco-Sauce

2 EL grüne Oliven, gefüllt mit Paprika, feingehackt

1 hartgekochtes Ei, feingehackt

1 EL/15 ml Sahne

½ TL frischer Zitronensaft

1 ½ TL Frühlingszwiebel, feingehackt

2 EL süße grüne Paprikaschote, feingehackt

2 EL frische Petersilie, feingehackt

¼ TL Paprika

⅛ TL frischgemahlener schwarzer Pfeffer

1. Mayonnaise und Chilisauce in eine mittelgroße Schüssel geben. Mit einem Holzlöffel rühren, bis alles gut vermischt ist.
2. Oliven, Eier, Sahne und Zitronensaft dazugeben. Rühren, bis alle Zutaten vermischt sind. Vor dem Servieren für mindestens 1 Stunde in den Kühlschrank stellen.

GEKOCHTE SALATSAUCE

Auch wenn diese Salatsauce in einem Wasserbad gekocht werden muß, so ist ihr hervorragender Geschmack wirklich die Mühe wert, besonders dann, wenn sie zu Kartoffelsalat oder Krautsalat gegessen wird. Das Rezept läßt sich nicht halbieren. Die gekochte Salatsauce hält im Kühlschrank 5 Tage, wenn sie in einem gut verschlossenen Behälter aufbewahrt wird.

Ergibt 320 ml

2 EL Zucker

2 EL Mehl

½ TL Salz

¾ TL Senfpulver

⅛ TL Paprika

240 ml Milch

2 Eigelb, geschlagen

3 EL/45 ml Cidre-Essig

2 EL/30 ml Butter, geschmolzen

1. Den unteren Teil des Wasserbadtopfes zur Hälfte mit Wasser füllen. Zum Kochen bringen.
2. Bevor der Einsatz in den Wasserbadtopf gesetzt wird, Zucker, Mehl, Salz, Pfeffer und Paprika hineingeben. Gut vermischen. Langsam unter ständigem Rühren die Milch zugießen.
3. Einsatz in den Wasserbadtopf über dem kochenden Wasser einsetzen. Mit dem Rühren fortfahren. Wenn die Mischung anfängt, cremig zu werden, die Eigelb, den Essig und die geschmolzene Butter unterrühren.
4. Unter ständigem Rühren kochen lassen, bis die Sauce dicklich ist.
5. Den Wasserbadtopf von der Flamme nehmen. Sauce in eine kleine Schüssel füllen und vor dem Servieren abkühlen lassen.

EIERSAUCE

Dieses herrliche Dressing schmeckt am besten zu allen grünen Salaten. Das Eiweiß der hartgekochten Eier kann zum Garnieren des Salates verwendet werden. Die Sauce sollte kurz vor dem Servieren zubereitet werden; sie läßt sich nicht aufbewahren.

Ergibt 180 ml

3 EL/45 ml Weißweinessig

½ TL Senfpulver

⅛ TL Zucker

⅛ TL Cayennepfeffer

4 hartgekochte Eigelb

2 Eigelb, leicht geschlagen

90 ml Sahne

2 EL/30 ml saure Sahne

Thousend Island dressing

Gekochte Salatsauce

DRESSINGS

2 TL frischer, gehackter oder
2 TL getrockneter Schnittlauch

1/4 TL Salz

1/4 TL frischgemahlener schwarzer Pfeffer

1. In einer kleinen Schüssel Essig, Senf, Zucker und Cayennepfeffer verrühren, bis eine Paste entstanden ist.
2. Die hartgekochten Eigelb durch ein Sieb in eine Schüssel reiben. Die rohen Eigelb dazugeben und alles zu einem Brei rühren.
3. Unter ständigem Rühren die Sahne, dann die Essig- und Senfpaste, dann die saure Sahne, danach den Schnittlauch und zum Schluß Salz und Pfeffer dazugeben. Nach jeder einzelnen Zugabe gut verrühren.

HONIG-FRÜCHTE-MAYONNAISE

Diese süße Mayonnaise-Sauce kann für Melonen und Obstsalate verwendet werden, als ein Dip für frisches Obst oder, sparsam, für Kopfsalate. Das Rezept kann halbiert werden. Die Sauce hält sich im Kühlschrank in einem gutverschlossenen Behälter 3 Tage frisch.

Ergibt 380 ml

240 ml hausgemachte Mayonnaise (siehe S. 41)

120 ml Honig

1 EL/15 ml frischer Orangensaft

2 EL geriebene Zitronenschale

1. Die Mayonnaise und den Honig in eine Schüssel geben. Gut verrühren mit einem Holzlöffel, einem Handrührer oder einem Mixer.
2. Orangensaft und Zitronenschale hineingeben. So lange verrühren, bis die Sauce glatt ist. Vor dem Servieren 1 Stunde lang kühlen.

SÜSSE JOGHURTSAUCE

Diese Sauce kommt aus Kalifornien, wo Sojabohnensprossen sehr beliebt sind. Für ein Diät-Mittagessen probiere man einmal 60 ml von dieser Sauce mit einem Kopfsalat. Das Rezept läßt sich leicht teilen. Gut zugedeckt hält sich die Sauce 3 Tage im Kühlschrank.

Ergibt 320 ml

2 EL/30 ml Honig

3 EL/45 ml Weißweinessig

240 ml Joghurt natur

1 TL Sellerie- oder Mohnsamen

1 TL Senf

1. Honig und Essig in eine Schüssel geben. Verrühren, bis der Honig sich aufgelöst hat.
2. Joghurt, Sellerie- oder Mohnsamen und Senf hineingeben. Gut vermischen. Vor dem Servieren 1 Stunde lang kühlstellen.

SIRUPSAUCE FÜR OBSTSALATE

Eine Allzwecksauce für frische Obstsalate, die besonders gut mit Ananas, Weintrauben, Orangen, Grapefruit und Äpfeln zusammengeht. Sauce kurz nach Zubereitung verbrauchen.

Ergibt 300 ml

1 EL Mehl

150 ml Wasser

1/2 TL reines Vanilleextrakt

1 Ei

110 g Zucker

2 TL Butter

1/8 TL Muskatnuß, gerieben

3 EL/45 ml Sahne

1. Das Mehl und 2 EL Wasser in einen Kochtopf geben. Zu einer dünnen Paste verrühren. Vanille und das Ei dazugeben. Gut zu einem glatten Brei schlagen.
2. Den Zucker, das restliche Wasser und die Butter in einen anderen Kochtopf geben. Über kleiner Flamme zum Kochen bringen.
3. Den kochenden Sirup in die Vanille- und Eipaste gießen. Gut verrühren. Auf kleiner Flamme unter ständigem Rühren weiterkochen lassen, bis alles sämig ist.
4. Den Topf von der Flamme nehmen. Sauce abkühlen lassen.
5. Muskatnuß und Sahne hineinrühren. Kräftig schlagen, bis alles gut vermischt ist und über den Obstsalat gießen.

Eiersauce

Sirupsauce für Obstsalate

SAL

Salate sind imme
einfach oder
Beigericht, ein
gericht. Dieser Abschnitt
an Rezepten für frische
salate, Bohnensalate, Salate
Nudelsalate, Reissalate,
salate. Kurz: ein Salat

ATE

ein Genuß. Sie können
kompliziert sein, ein
Vorgericht oder ein Haupt-
bietet eine große Auswahl
grüne Salate, Gemüse-
aus Meeresfrüchten,
Fleischsalate und Obst-
für jede Jahreszeit ...

Rezepte für Salate

Daß Salate keineswegs nur auf „Kaninchenfutter" beschränkt sind, kann aus den Rezepten in diesem Kapitel ersehen werden, die von Fleisch-, Geflügel- und Nudelsalaten bis zu Bohnen-, Meeresfrüchte- und Obstsalaten reichen.

Ob Sie nun einen Salat als Vorgericht, Hauptgericht oder Nachspeise reichen, hier werden Sie das passende Rezept finden. Denken Sie daran, daß kalte Gerichte nicht durch ihren Geruch verlocken, sondern daß ihr Aussehen von ausschlaggebender Bedeutung ist.

GRÜNE SALATE UND GEMÜSESALATE

Nahezu jedes Gemüse kann für einen Salat verwendet werden. Die einzige Vorbedingung ist, daß das Gemüse frisch ist. Versuchen Sie, möglichst örtlich angebaute Produkte zu bekommen. Kaufen Sie ein Gemüse nur in seiner jeweiligen Saison. Die außerhalb ihrer Saison gekauften Gemüse sind oft künstlich gezogen oder chemisch behandelt worden und würden alles andere als aromatisch sein.

Zu den frischesten Gemüsesalaten und den am einfachsten zuzubereitenden zählen die „crudités". Dieses sind einfache, knackige rohe Gemüse wie Blumenkohlröschen, Radieschen, Paprikaschotenstreifen und Möhrenstäbchen, die auf einer Servierplatte kunstvoll arrangiert und zu einem Dip serviert werden, der als Dressing dient. Gute Dips sind Aioli (siehe S. 39), Tarama Salat (siehe S. 65) und Nam Prik Pak (siehe S. 65). Auch Roquefort-Saure-Sahne-Dressing (siehe S. 40) und Französisches Gartendressing (siehe S. 36) passen dazu.

BOHNENSALATE

Seit vorgeschichtlicher Zeit sind Bohnen eine wichtige Nahrungsquelle. Wir wissen, daß Bohnen einen hohen Proteingehalt, komplizierte Kohlenhydrate und wenig Kalorien und Fett haben - und daß sie köstlich schmecken. Bohnen scheinen sich für Salate geradezu anzubieten. Cannellini (weiße französische Bohne) und Kichererbsen werden gern genommen.

Bohnen, die eingeweicht und gekocht werden, sind Dosenbohnen vorzuziehen. Sie haben einen besseren Geschmack und eine bessere Struktur. Für das Kochen von Bohnen nicht deren Einweichwasser verwenden, sondern stets frisches Wasser. Durch Zusatz von 1/8 TL Natriumbikarbonat im Wasser wird verhindert, daß die Bohnen fade werden. Um festzustellen, ob sie gar sind, einige aus dem Topf nehmen und auf sie pusten. Wenn die Haut platzt oder einreißt, sind die Bohnen gar.

SALATE AUS MEERESFRÜCHTEN

Der Verbrauch an Fisch steigt an, weil auf die Gesundheit bedachte Esser sich zunehmend des geringen Fett- und Kaloriengehaltes von Fisch bewußt werden. Beim Einkaufen von Fisch immer so frischen wie möglich auswählen. Darauf achten, daß der Fisch sich fest anfühlt. Fische sollten weder eine matte Farbe noch einen sehr fischigen, unangenehmen Geruch haben. Beim Kochen von Schalentieren alle, die sich nicht wie die übrigen geöffnet haben, wegwerfen.

Wenn möglich, frische, ungekochte Garnelen verwenden, keine tiefgefrorenen. Sie sollten in ihrer Schale so lange gekocht werden, bis diese eine leuchtend rote Farbe angenommen hat. Die am Rücken der Garnele entlanglaufende Ader mit einem scharfen Messer entfernen.

Echte Hummer haben große Scheren. Hummerkrabben, auch unter der Bezeichnung Langusten oder Meereskrebse bekannt, besitzen keine Scheren, doch eine stachelige Schale. Hummer sollten möglichst lebend gekauft werden.

NUDELSALATE UND KÖRNERSALATE

Nudelsalate sind noch eine relativ neue Variante in der Salatzubereitung. Die Nudeln sollten „al dente" gekocht werden, d. h. — wörtlich — „für den Zahn". Hierzu die Nudeln in einem Topf mit brodelndem Salzwasser so lange kochen lassen, bis sie gerade weich zu werden beginnen, jedoch dem Biß noch Widerstand leisten. Gut abtropfen lassen, da der Nudelsalat andernfalls wässerig wird.

Nudeln sind in einer Vielfalt von Formen und Größen erhältlich — Spiralen, Räder, Muscheln und Röhrchen können alle verwendet werden.

FLEISCH- UND GEFLÜGELSALATE

Reste von Rind-, Kalb-, Lamm- oder Schweinefleisch lassen sich wunderbar in einem Fleischsalat wieder verwenden. Die in diesen Rezepten genannten Geflügelsorten können häufig ausgetauscht werden. Zum Beispiel läßt sich jeder Geflügelsalat ebenso gut mit einem Puten- oder Kalbfleischrest zubereiten. Sehr einfach ist es, ein Hähnchen schnell zu kochen, um daraus einen Salat zu machen. Das Hähnchen zerteilen und die Stücke in schwach siedender Hühnerbrühe 20—25 Minuten lang garen.

OBSTSALATE

Obstsalate werden generell in 2 Kategorien eingeteilt: Nebengerichte und Nachtische. Als Nebengerichte werden Obstsalate gewöhnlich mit Nüssen und verschiedenen Käsesorten kombiniert. Als Nachtisch gereicht, bestehen sie fast ausschließlich aus Früchten. Die Saucen für Obstsalate reichen von gesüßten Vinaigrettes bis hin zu Salaten mit Joghurt oder saurer Sahne als Grundlage. Ein eleganter Obstsalat als Nachtisch kann aus frischen Obststücken bestehen, die man in fruchtigen Likören oder Champagner hat ziehen lassen. Obstsalate erst kurz vor dem Verzehr zubereiten, da sie sonst an Farbe verlieren.

REZEPTE FÜR SALATE

Es ist sehr wichtig, den Salat vorsichtig zu wenden, so daß jedes einzelne Blatt von der Sauce überzogen wird. Zarte, frische Salatblätter sollten erst kurz vor dem Servieren gewendet werden, weil die Blätter welken, wenn sie in der Sauce liegen. Die kräftigeren grünen Salate und die Wurzelgemüsesalate können im voraus mit Salatsauce übergossen werden, und oftmals ist dies ratsam, weil sie dann, wenn sie eine Zeitlang in einer Marinade liegen, ein besseres Aroma entwickeln.

GEMÜSESALATE UND GRÜNE SALATE

Caesar-Salat

ZUTATEN/FÜR 6–8 PERSONEN

2 große Köpfe Lattichsalat
1 Knoblauchzehe, feingehackt
120 ml reines Olivenöl
½ TL frischgemahlener schwarzer Pfeffer
½ TL Salz
2 EL/30 ml frischer Zitronensaft
110 g frisch geriebener Parmesankäse
6–8 Anchovisfilets
¼ TL Worcestershire Sauce
2 Eier, roh oder hartgekocht
350 g Knoblauch-Croûtons (siehe unten)

• Foto gegenüber

Kein Salat in der Tradition von Julius Caesar, Rom, 48 vor Christus, sondern in der Tradition von Caesar Cardini, Tiajuana, ca. 1920. Cardini war ein Gastronom; seine Salate sind heute international geschätzt.

1. Lattichblätter von den Stielen zupfen und in große, jedoch mundgerechte Stücke rupfen oder kleine Blätter im ganzen verwenden.
2. Knoblauch und Olivenöl in ein Gefäß mit gut schließendem Deckel geben. Bedecken und gut schütteln. Gefäß beiseite stellen.
3. Den Lattich in eine große Salatschale legen. Jede der anderen Zutaten in eine eigene kleine Schale geben.
4. In Anwesenheit Ihrer Gäste mahlen Sie den Pfeffer mit einer Pfeffermühle über den Salatblättern. Das Olivenöl zugießen und den Salat wenden, damit er vom Öl überzogen wird.
5. Salz auf den Salat streuen. Zitronensaft, Parmesankäse, Anchovisfilets und die Worcestershire Sauce zum Salat geben. Zweimal vorsichtig wenden.
6. Eier in den Salat geben. Vorsichtig wenden.
7. Die Croûtons dazugeben, wenden und servieren.

Knoblauch-Croûtons

ZUTATEN

1 Knoblauchzehe, feingehackt
180 ml reines Olivenöl
60 g frisches Brot, gewürfelt

Die Croûtons können in einem luftdichten Behälter einige Tage lang aufbewahrt werden, doch es ist weitaus besser, vor Gebrauch nur die jeweils benötigte Portion herzustellen.

1. Knoblauch und Olivenöl in ein gut verschließbares Gefäß geben. Fest bedecken und gut schütteln. Einige Stunden lang stehen lassen.
2. Knoblauch und Öl in einer Bratpfanne erhitzen. Die Brotwürfel dazugeben. Unter häufigem Wenden braten, bis die Würfel braun sind.
3. Würfel aus der Pfanne nehmen, auf Küchenpapier abtropfen lassen.

Pinienkerne und Gartenkresse

ZUTATEN/FÜR 4 PERSONEN

30 g Pinienkerne
2 große Bund Gartenkresse
125 g frische Petersilie, feingehackt
110 g Schnittlauch, feingehackt
180 ml Zitronendressing (siehe S. 37)

Wenn die Pinienkerne (pignoli) in diesem Rezept geröstet worden sind, so können sie in einen Gefrierbeutel gelegt und eingefroren werden.

1. Den Backofen auf 180 Grad vorheizen.
2. Die Pinienkerne auf ein Backblech legen und im Backofen ca. 8–10 Minuten rösten, bis sie braun sind.
3. Gartenkresse, Petersilie und Schnittlauch in eine Salatschüssel geben. Zitronendressing dazugeben und wenden. Pinienkerne dazugeben und nochmals wenden.

GEMÜSESALATE UND GRÜNE SALATE

Orangen- und gemischter grüner Salat

ZUTATEN/FÜR 4 PERSONEN

½ Kopf gewöhnlicher Kopfsalat oder Mignonettesalat

2 große Navel-Orangen

225 g Möhren, in Streifen geschnitten

60 g Sultaninen oder Korinthen

180 ml Paprika Dressing (siehe S. 35)

• Foto gegenüber

Dieser Salat ist erfrischend anzusehen und erfrischend im Geschmack, und er ist eine ausgezeichnete Begleitung zu Lamm- oder Schweinebraten. Dazu Weißwein reichen.

1. Den Salat in mundgerechte Stücke zupfen. Diese in einer Salatschüssel anordnen.
2. Die Orangen schälen und in Segmente teilen. Jedes Segment halbieren oder vierteln. Die Stücke in die Salatschüssel geben.
3. Die Möhren und Sultaninen in die Schüssel geben, alles wenden.
4. Paprika Dressing hineingeben und wenden.

Gemischter grüner Gartensalat

ZUTATEN/FÜR 6–8 PERSONEN

1 Kopfsalat oder Gartensalat

1 mittelgroßer Lattich- oder römischer Salat

3 Chicorée

60 g Sellerie, gehackt

3 hartgekochte Eier, in Scheiben

125 g Gartenkresse, dicke Stiele entfernt, grobgehackt

½ Zwiebel, mittelgroß, in Ringe geschnitten

2 große Tomaten, enthäutet und in Keile geschnitten

125 g eingelegte Rote Bete, in Streifen geschnitten

30 g frische Petersilie, gehackt

320 ml French Dressing (siehe S. 34)

Beinahe alle hier genannten frischen Salate können durch andere ersetzt werden. Dieser Salat eignet sich gut zu Rinder- oder Kalbsbraten. Er hat auch genügend Substanz, um allein serviert zu werden, vielleicht mit einer Flasche Chianti oder Zinfandel als leichtes Mittag- oder Abendessen. Versuchen Sie hierzu das Amerikanische Dressing (siehe S. 38) oder das Korianderdressing (siehe S. 36) an Stelle des French Dressings.

1. Die Salatschüssel mit einigen Blättern Kopf- oder Gartensalat auslegen.
2. Die restlichen Kopfsalat- und Lattichsalatblätter in mundgerechte Stücke zupfen. Diese in die Salatschüssel geben.
3. Den Chicorée in mundgerechte Stücke zupfen. Diese in die Salatschüssel geben.
4. Sellerie, Gartenkresse, Zwiebelringe und Tomaten in die Salatschüssel geben. Vorsichtig wenden. Bis zum Servieren kühlstellen.
5. Vor dem Servieren die Rote Bete, Petersilie und das French Dressing dazugeben. Wenden und servieren.

GEMÜSESALATE UND GRÜNE SALATE

Gemischter grüner Salat mit Champignons
in Himbeer-Vinaigrette

Die Himbeer-Vinaigrette und die gerösteten Pinienkerne machen aus diesem Salat etwas ganz Besonderes.

1. Den Backofen auf 180 Grad/Gas-Stufe 4 vorheizen.
2. Die Pinienkerne in eine flache Backform legen und sie im Backofen rösten, bis sie zart gebräunt sind, ca. 5 Minuten. Aus dem Backofen nehmen und beiseite stellen.
3. Den Kopfsalat, den Chicorée und den Radicchio waschen und vorsichtig abtrocknen.
4. Kopfsalat und Radicchio in mundgerechte Stücke zupfen. Chicorée in dünne Scheiben schneiden. Den Salat in eine große Salatschüssel geben. Die Pilze und die gerösteten Pinienkerne dazugeben.
5. Olivenöl, Essig, Schalotte, Senf, Rahm, Salz und Pfeffer in einer Rührschüssel vermischen. Schlagen, bis die Vinaigrette sich gleichmäßig verbunden hat und gut vermischt ist.
6. Die Vinaigrette über den grünen Salat gießen und sorgfältig wenden. Sofort servieren.

ZUTATEN/FÜR 4 PERSONEN
- 60 g Pinienkerne (pignoli)
- 2 Kopfsalat oder anderer zarter Salat
- 2 Chicorées
- 1 kleiner Kopf Radicchio
- 225 g kleine Champignons ohne Stiele
- Himbeer-Vinaigrette:
- 4 EL/60 ml Olivenöl
- 2 EL/30 ml Himbeeressig
- 1 Schalotte, feingehackt
- 1 TL Dijon-Senf
- 2 TL Rahm
- Salz nach Geschmack
- Frischgemahlener schwarzer Pfeffer nach Geschmack

Chicoréesalat

Ein perfekter Salat, vor oder nach dem Hauptgericht zu reichen. Chicoréesalat paßt gut zu Prosciutto, einer Art Schinken aus Italien. Er hat einen nußartigen Geschmack, der sowohl salzig als auch pfefferig ist — und einzigartig.

1. Den Chicorée diagonal in 1,5-cm-runde Scheiben schneiden. Ihn auf einer Servierplatte arrangieren. Die gehackten Eier in eine Schüssel geben.
2. Das French Dressing zu den Eiern geben und sanft wenden.
3. Den Prosciutto, Salz, Pfeffer und Petersilie in die Schüssel geben. Wenden.
4. Die Schinkenmasse auf die runden Chicoréescheiben geben und servieren.

ZUTATEN/FÜR 6 PERSONEN
- 6 Chicorées
- 2 hartgekochte Eier, feingehackt
- 240 ml French Dressing (siehe S. 34)
- 125 g dünngeschnittener Prosciutto-Schinken, in Würfeln
- 1/8 TL Salz
- 1/4 TL frischgemahlener schwarzer Pfeffer
- 30 g frische Petersilie, gehackt

• Foto gegenüber, unten

GEMÜSESALATE UND GRÜNE SALATE

Fenchelsalat

ZUTATEN/FÜR 4 PERSONEN

1 mittelgroßer Fenchel

4 Radieschen, in dünne Scheiben geschnitten

2 Orangen, geschält und zerlegt

4 schwarze Oliven, entkernt und halbiert

4 EL Zwiebeln, feingehackt

Einige vom Fenchel gezupfte Blätter

6 EL/90 ml Olivenöl

3 EL/45 ml Cidre-Essig

1 TL Pernod oder Anisette

½ TL Salz

⅛ TL Cayennepfeffer

• *Foto gegenüber, oben*

Die nach Anis schmeckenden Blätter der Fenchelpflanze verleihen dem Salat eine interessante Schärfe, besonders wenn er mit einer Pernod-Vinaigrette angemacht wird.

1. Knolle und Stiele des Fenchels in Ringe schneiden. In eine Servierschüssel legen. Radieschen, Orangenstücke, Oliven, Zwiebel und die abgezupften Fenchelblätter um den Fenchel herumdrapieren.
2. In einer Rührschüssel das Öl, den Essig, Pernod, Salz und Pfeffer schlagen. Über den Salat gießen und servieren.

Welker Kopfsalat

ZUTATEN/FÜR 4–6 PERSONEN

½ Kopfsalat oder Lattichsalat

½ Kopf Mignonette-Salat

4 Scheiben roher Schinkenspeck

2 EL Zucker

60 ml Essig

4 Frühlingszwiebeln, gehackt

¼ TL frischgemahlener schwarzer Pfeffer

• *Foto gegenüber*

Für die amerikanischen Pioniere im 19. Jahrhundert war dies ein idealer Salat. Er wurde aus den leicht verfügbaren wildwachsenden grünen Salatgewächsen und dem stets vorhandenen Pökelfleisch zubereitet. Wir, die wir heutzutage seßhafter sind, haben Löwenzahnblätter und Pökelfleisch durch Kopfsalat und Schinken ersetzt. Servieren Sie diesen Salat zu einfachen Hauptgerichten mit Braten oder Geflügel

1. Salat in große Stücke zupfen und diese dekorativ in einer Salatschüssel arrangieren.
2. In einer Bratpfanne den Schinken braten, bis er knusprig ist. Die Schinkenstücke aus der Pfanne nehmen und in die Salatschüssel geben.
3. Den Zucker und den Essig in die Pfanne zum übriggebliebenen Schinkenfett geben. Rühren, bis sich der Zucker aufgelöst hat.
4. Die heiße Sauce über den Salat gießen, damit der Salat welkt. Die Frühlingszwiebeln und den Pfeffer zum Schinken geben. Gut vermischen und servieren.

GEMÜSESALATE UND GRÜNE SALATE

Mangetout-Salat

ZUTATEN/FÜR 4 PERSONEN

24 Mangetout-Erbsen, frisch oder gefroren

6–8 marinierte Artischockenherzen, abgetropft und gehackt

225 g Bambussprossen, abgetropft

12 Wasserkastanien, in Scheiben geschnitten

350 g Selleriekohl, geschnitzelt

8 große Champignons, in dünne Scheiben geschnitten

240 ml Chinesisches Dressing (siehe S. 36)

2 EL frische Petersilie, gehackt

• *Foto gegenüber*

Die Mangetout-Erbsenschalen in diesem Salat machen ihn zu einer farbenfrohen Begleitung zu Fisch- und Geflügelgerichten. Statt des Chinesischen Dressings kann eine gleiche Menge der Salatsauce „Ein Hauch von Asien" (siehe S. 37) genommen werden. Bambussprossen, Wasserkastanien, Selleriekohl und Mangetout-Erbsen sind typisch asiatische Lebensmittel und sollten in Spezialgeschäften für orientalische Delikatessen erhältlich sein.

1. Die Mangetout-Erbsen in einem Topf mit leichtgesalzenem Wasser 1 Minute lang kochen bzw. so lange, bis sie hellgrün werden. Gut abtropfen lassen. Die Erbsen in kaltem Wasser spülen und erneut gut abtropfen lassen.
2. Mangetout, Artischockenherzen, Bambussprossen, Wasserkastanien und Champignons in eine Salatschüssel geben. Wenden.
3. Das Chinesische Dressing hinzugeben und nochmals wenden, bis alles gut gemischt ist. Mit der Petersilie garnieren und servieren.

Marokkanischer Salat

ZUTATEN/FÜR 6 PERSONEN

180 ml Olivenöl

3 EL/45 ml Rotweinessig

3 TL Kümmel, gemahlen

1 TL Salz

1 TL frischgemahlener schwarzer Pfeffer

3 große süße grüne Paprikaschoten, entkernt und in Scheiben geschnitten

1 EL frische Petersilie, gehackt

Dies ist eine vereinfachte Version des klassischen Marokkanischen Paprikaschotensalates (siehe S. 76). Er kann mehrere Stunden vor dem Servieren zubereitet werden. Servieren Sie ihn nach einem Hauptgericht, das aus einem Braten oder ganz besonders aus einem Lammbraten bestand. Übriggebliebener Salat wird auch noch am nächsten Abend gut schmecken.

1. Olivenöl, Essig, Kümmel, Salz und Pfeffer in eine Salatschüssel geben. Mit einer Gabel verrühren, bis alles gut gemischt ist.
2. Paprikaschoten und Tomaten hinzugeben. Gut wenden. 2–3 Stunden in den Kühlschrank stellen, bis alles gründlich gekühlt ist. Petersilie darüberstreuen und wenden.

GEMÜSESALATE UND GRÜNE SALATE

Irvin Cobb's Brauner Derby-Salat

Dies ist eine Version des beliebten Salates, der in Hollywood in den 30er und 40er Jahren dieses Jahrhunderts im Brown Derby Restaurant serviert wurde. Er war von dem bekannten amerikanischen Humoristen, Schriftsteller und Schauspieler Irvin Cobb erfunden und in großen Mengen verzehrt worden. Es gibt viele Variationen des Originalrezeptes, doch eines haben sie alle gemeinsam: bei allen Rezepten werden die Zutaten in unglaublich kleine Teile geschnitten. Statt French Dressing kann Paprika Dressing (siehe S. 35) genommen werden. Einerlei, welches Dressing Sie verwenden, geben Sie es vor den Augen Ihrer Gäste mit schwungvoller Bewegung in den Salat und wenden Sie diesen mit dramatischer Geste. Nostalgie ist bei diesem Salat oberstes Gesetz — servieren Sie ihn Ihren Lieblingsfilmstars.

1. Den Eisbergsalat, Chicorée, die Endivie, den Lattichsalat und die Gartenkresse auf einer großen Servierplatte anrichten.
2. Die restlichen Zutaten außer denen für das Dressing in einzelnen Schichten darübergeben, Reihenfolge ist gleich. 30 Minuten im Eisschrank kühlen.
3. Vor den Augen Ihrer Gäste das Dressing dazugeben und wenden.

ZUTATEN/FÜR 6–8 PERSONEN

½ Kopf Eisbergsalat, in Stücke gezupft

1 Chicorée, Blätter getrennt

⅔ Bund krause Endivie, in Stücke gezupft

⅓ Kopf Lattichsalat, in Stücke gezupft

⅔ Bund Gartenkresse, in Stücke gezupft

2 mittelgroße Tomaten, feingewürfelt

700 g gekochtes Huhn, gewürfelt

1 süße grüne Paprikaschote, entkernt und feingehackt

1 süße rote Paprikaschote, entkernt und feingehackt

60 g knusprig gebratener Schinkenspeck, in kleine Stückchen zerkrümelt

1 Avocado, feingehackt

3 EL Frühlingszwiebel, feingehackt

3 hartgekochte Eier, feingehackt

60 g Pecorino Romano-Käse, gerieben

320 ml French Dressing (siehe S. 34)

• Foto gegenüber

Kalifornischer Salat

In Kalifornien, wo Tomaten und Orangen das ganze Jahr über wachsen, ist dieser Salat sehr beliebt. Servieren Sie ihn zum Steak, Kalbsbraten oder Schweinebraten.

1. Spinat, Endivie, Kopfsalat und Lattichsalat in eine große Salatschüssel geben. 1 Stunde im Kühlschrank kühlen.
2. Kurz vor dem Servieren den Salat aus dem Kühlschrank nehmen und die Orangen, Tomaten, Pilze und Kapern dazugeben. Leicht wenden.
3. Den Honig in das Dressing geben und gut mischen. Das Dressing über den Salat gießen, wenden und servieren.

ZUTATEN/FÜR 8 PERSONEN

450 g Spinat, Stiele entfernt und Blätter in mundgerechte Stücke gezupft

½ Kopf krause Endivie, in mundgerechte Stücke gezupft

1 Kopf Lattichsalat, in mundgerechte Stücke gezupft

1 Kopfsalat, in mundgerechte Stücke gezupft

700 g Mandarinenscheiben (falls aus der Dosen, Saft abgießen)

2 Tomaten, entkernt und gewürfelt

2 große Champignons, in Scheiben geschnitten

2 EL Kapern, abgetropft

2 EL/30 ml Honig

320 ml Paprika Dressing (siehe S. 35)

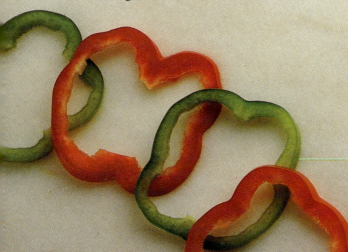

GEMÜSESALATE UND GRÜNE SALATE

Eingelegter Chinakohl und Blumenkohl

ZUTATEN/ERGIBT 1,8 l

1 l Wasser

3 EL Salz

90 g Zucker

75 ml destillierter Weinessig

1/2 TL ganze Pfefferkörner (möglichst Szechuan)

3/4 TL getrockneter Chili-Pfeffer, zerstoßen

900 g Kohl, grobgeraspelt

450 g Blumenkohl, in Röschen

• Foto gegenüber

Eine herzhafte Mischung. Besser als Vorspeise denn als Salat gedacht. Paßt gut als Beigabe zu schlichten Fleischgerichten wie Lamm oder Schweinefleisch. Was übrig bleibt, kann gut eine Woche oder länger im Kühlschrank aufbewahrt werden.

1. Wasser, Salz, Zucker und Essig in eine große, runde Schüssel geben. Umrühren, bis Zucker und Salz sich aufgelöst haben. Pfefferkörner und Chili hinzugeben, nochmals umrühren.
2. Den Chinakohl und den Blumenkohl in Schichten hineinlegen und fest andrücken. Der Kohl sollte insgesamt von Wasser bedeckt sein.
3. Das Gefäß bedeckt ca. 24 Stunden bei Zimmertemperatur stehenlassen. Dann zugedeckt 3 - 4 Tage im Kühlschrank lagern.
4. Die Flüssigkeit abgießen. Den Kohl kalt servieren. Was übrig bleibt, kann im Kühlschrank aufbewahrt werden.

Spinatsalat mit Speck

ZUTATEN/FÜR 8 - 10 PERSONEN

450 g frischer Blattspinat

2 Kopf Radicchio

225 g Frühstücksspeck, gebraten

110 g Zucker

1 TL Salz

1 TL Senfpulver

1 EL/15 g frischer Zwiebelsaft

90 ml Cidre-Essig

1 EL Mohnsamen

240 ml reines Olivenöl

360 ml Hüttenkäse

Ein gehaltvoller Salat, der zum Hauptgericht oder auch für sich allein gegessen werden kann. Mit gut gekühltem Wein ergibt er ein köstliches kleines Mittagessen. Frischen Zwiebelsaft verwenden. Zwiebel mit dem Messer anritzen. Der Saft fängt sich am Messerrücken und auf der Zwiebeloberfläche.

1. Die harten Stengel von den Spinatblättern entfernen. Die Blätter in große Stücke rupfen, auch die Radicchio-Blätter zerteilen. Spinat und Radicchio in eine große Salatschüssel geben und den Speck darüberbröseln.
2. Zucker, Salz, Senf, Zwiebelsaft, Cidre-Essig, Mohnsamen und Olivenöl in ein Gefäß mit gut schließendem Deckel geben. Zuschrauben und ordentlich schütteln.
3. Die Hälfte des Dressings über den Salat gießen, leicht mischen.
4. Hüttenkäse an das restliche Dressing geben und ordentlich schütteln, bis es gut durchgemischt ist.
5. Auch dieses Dressing jetzt über den Salat geben. Mischen und auftragen.

GEMÜSESALATE UND GRÜNE SALATE

Som Tom

Dieser exotische Salat aus thailändischem Gemüse ist scharf und süß. Wenn Sie ihn vor dem Hauptgericht servieren, lassen Sie die Suppe weg; reichen Sie ihn nach der Hauptspeise, können Sie auf den Nachtisch verzichten. Die getrockneten Shrimps und die Fischsauce gibt es in orientalischen Lebensmittelgeschäften. Gehen Sie nach der Gebrauchsanweisung auf dem Paket der getrockneten Shrimps vor. Für die Fischsauce gibt es keinen Ersatz, wenn sie nicht erhältlich ist. Nur der Geschmack kann ersetzt werden durch 1 EL Essig vermischt mit 1 EL Anchovispaste, aber nur als allerletzte Rettung.

1. Die Blätter des Pak-Choi-Salates auf einer Platte anrichten.
2. Die Gurkenstreifen, Kohlstreifen, Papaya-Scheiben, getrockneten Shrimps und die Tomaten auf dem Pak-Choi-Salat arrangieren.
3. Die Fischsauce, den braunen Zucker, die Frühlingszwiebel und Zitronen- oder Limonensaft in ein Gefäß mit festschließendem Deckel geben. Gut schütteln, bis der Zucker sich aufgelöst hat.
4. Schwarzen Pfeffer, Cayenne-Pfeffer und Knoblauch dazugeben und gut schütteln.
5. Das Dressing über den Salat gießen.
6. Erdnüsse über den Salat bröckeln und servieren.

ZUTATEN/FÜR 6 PERSONEN

1/2 Kopf Pak-Choi oder Mangold

110 g Salatgurke, geschält und in Streifen geschnitten

110 g Kohl, geraspelt

1 Papaya, geschält, entkernt und in Scheiben geschnitten

225 g getrocknete Shrimps, eingeweicht und abgetrocknet

2 feste Tomaten, geviertelt

2 EL Fischsauce

1 1/2 EL brauner Zucker

1 EL Frühlingszwiebel, kleingehackt

3 EL frischer Limonensaft

2 TL frischgemahlener schwarzer Pfeffer

1 1/2 TL Cayenne-Pfeffer

2 Knoblauchzehen, zerdrückt

2 EL geröstete Erdnüsse

ZUM GARNIEREN:

Tomaten-Schmetterling-Garnierung (siehe S. 23)

• Foto gegenüber

Dänischer Pilz- und Kresse-Salat

Ein Salat zum Ausprobieren von Geschmacksessigen. Für dieses Rezept benötigt man Weißweinessig, doch anderer Essig eignet sich auch dafür. Manche Leute bevorzugen eine saure Note, wenn der Salat mit Champignons gemischt wird.

1. Im Mixer den Senf mit 1 EL Olivenöl mixen, bis das Öl sämig ist.
2. Langsam das restliche Öl dazugeben, immer 1 EL nach dem anderen, dabei ununterbrochen mixen. Die Mischung sollte die Geschmeidigkeit und das Aussehen von handgemachter Mayonnaise haben.
3. Essig, Zucker, Schalotten, Salz, Kümmel und Pfeffer dazugeben. Weitermixen, bis alles gut vermengt ist.
4. Die Radicchio- und Chicoréeblätter in einer Salatschale anrichten. Die Champignons zuletzt dazugeben. Das Dressing darübergießen und mischen. 1 Stunde kühlstellen.
5. Die harten Stengel der Brunnenkresse entfernen. Den Salat aus dem Kühlschrank nehmen und die Kresse daruntermengen. Alles gut mischen und servieren.

ZUTATEN/FÜR 4–6 PERSONEN

1 EL Dijon-Senf

120 ml reines Olivenöl

2 EL Weißweinessig

1/8 TL Zucker

2 EL feingehackte Schalotten

1/4 TL Salz

1/8 TL gemahlener Kümmel

1/4 TL frischgemahlener schwarzer Pfeffer

8–10 Blatt Radicchio

8–10 Blatt Chicorée

350 g Champignons, gesäubert und feingeschnitten

1 Bund Brunnenkresse

GEMÜSESALATE UND GRÜNE SALATE

Tarama-Salat

ZUTATEN/FÜR 6–8 PERSONEN

- 3 große Kartoffeln
- 3 EL Milch
- 125 g roter Kaviar oder roter Fischrogen
- 90 ml Wasser
- 60 ml frischer Zitronensaft
- 1 kleine Zwiebel, feingehackt
- 180 ml reines Olivenöl

• Foto gegenüber

Tarama aus Griechenland ist eigentlich mehr ein Dip als ein Salat. Am besten reicht man es als Vorspeise mit Scheiben von warmem Pitta-Brot und mit „Crudités" wie z. B. rohen Blumenkohl- und Broccoli-Röschen, Möhrenstreifen, Gurkenkeilen, Zucchinischeiben, geviertelten Radieschen oder anderen frischen rohen Gemüsen Ihrer Wahl.

1. Die Kartoffeln schälen. Ca. 20 Minuten kochen, bis sie weich sind.
2. Abtropfen lassen und in eine Rührschüssel geben. Mit der Hand oder mit einem Rührgerät zerdrücken. Langsam die Milch dazugeben, bis ein Brei entsteht. Kaviar und Wasser dazugeben. Gut durchrühren.
3. Zitronensaft und Zwiebeln an die Mischung geben, kurz durchrühren.
4. Langsam das Olivenöl dazurühren. Weiterrühren, bis ein sämiger Brei entsteht.
5. In eine Schüssel geben. Die Crudités drum herumlegen und servieren.

Nam Prik Pak

ZUTATEN/FÜR 6 PERSONEN

- 3 getrocknete Chilischoten, einschließlich Samen, kleingehackt
- 1½ TL Blachen, in Folie gegart
- 6 getrocknete Shrimps, zerstoßen und kleingehackt
- 3 Knoblauchzehen, kleingehackt
- 1 TL Zucker
- 3 EL Fischsauce
- 3 EL frischer Zitronen- oder Limonensaft

Nam Prik Pak ist eine scharfe Sauce, die gewöhnlich mit rohem Gemüse gereicht wird, aber auch zu Reis und Nudeln, zu Fisch- und Fleischgerichten und manchmal sogar zu Obst paßt. Mit rohem Gemüse ist es eine ausgezeichnete Vorspeise. Das Blachen muß vorher gegart werden. In Alufolie 1½ Minuten bei großer Hitze braten. Die Pfanne vom Feuer nehmen. Wenn die Folie soweit abgekühlt ist, den Inhalt herausnehmen und mit dem Rezept fortfahren.

In Thailand wird Nam Prik Pak mit rohen Gemüsen, Wurzeln, Blättern, Blüten und einer Schale Reis gereicht. Eine frische grüne Mangofrucht, in Scheiben geschnitten, gehört eigentlich immer dazu. Um ein authentisches Nam Prik Pak zu erreichen, sollte man die Sauce mit rohen Gemüsen, Bambussprossen, Chinesischem Blattkohl, Senfblättern und einer Mango oder einem grünem Apfel servieren. Versuchen Sie selbst, auf Ihre Version zu kommen.

1. Die Chilischoten in den Mixer geben und ca. 5 Sekunden mahlen. *Blachen*, Shrimps, Knoblauch und Zucker dazugeben. Rühren, bis alles gut vermengt ist.
2. Das Nam Prik Pak in eine Schale geben. Mit einer bunten Reihe von gekühlten, rohen Gemüsen servieren.

GEMÜSESALATE UND GRÜNE SALATE

Avocado- und Grapefruit-Salat

Dieser Salat eignet sich ideal als Beigabe zu Grillfleisch, schmeckt aber genauso gut am gedeckten Tisch.

1. Avocado schälen und in Scheiben schneiden. Die Scheiben in eine Schüssel geben und mit Zitronensaft beträufeln.
2. Die Salatblätter in kleine Stücke rupfen und in eine Salatschüssel geben.
3. Die Grapefruit, Avocado und Zwiebel dazugeben. French Dressing darübergießen. Ca. 30 Minuten kühlstellen, dann servieren.

ZUTATEN/FÜR 6 PERSONEN
1 reife Avocado
2 EL frischer Zitronensaft
1 Kopfsalat
700 g entkernte Grapefruit, in Stücken
1 rote Zwiebel, dünngeschnitten
240 ml French Dressing (siehe S. 34)

• *Foto gegenüber*

Barbecue-Salat

Die gerösteten Paprikaschoten geben diesem Salat seinen typischen Geschmack. Er kann im Freien über dem Grill zubereitet werden. Als interessante Variante kann das Kräuter-Dressing auch durch 240 ml Asiatisches Dressing (siehe S. 37) ersetzt werden.

1. Die Tomaten, grünen und roten Paprikaschoten, die Auberginenviertel und die Zwiebelhälften auf 6 oder mehr lange Grillspieße aufspießen.
2. Die Spieße auf dem Barbecuegrill oder unter einem elektrischen Grill ca. 12–15 Minuten unter häufigem Wenden garen.
3. Die Spieße vom Grill nehmen. Gemüse abnehmen. Auberginen- und Tomatenstücke in eine Schale geben.
4. Während sie noch heiß sind, die Paprikaschoten häuten. Die Paprika auch in die Salatschale geben.
5. Die Zwiebeln grob hacken und dazugeben. Das Kräuterdressing darübergießen. Mischen. Ca. 30 Minuten kühlstellen, dann servieren.

ZUTATEN/FÜR 4 PERSONEN
3 große Tomaten, geviertelt
2 große grüne Paprikaschoten, entkernt und geviertelt
1 rote Paprikaschote, entkernt und geviertelt
1 große Aubergine, geschält und geviertelt
2 große Zwiebeln, in Hälften
240 ml Kräuter-Dressing (siehe S. 40)

GEMÜSESALATE UND GRÜNE SALATE

Japanischer Gurkensalat

ZUTATEN/FÜR 4 PERSONEN

2 mittelgroße Salatgurken, dünngeschnitten

1 TL Salz

60 ml Reisweinessig

2 EL Sojasauce

1 TL Zucker

2 TL weiße Sesamkerne

ZUM GARNIEREN:

Gurkenkegel-Garnierung (siehe S. 25)

- *Foto gegenüber*

Dieser Salat eignet sich hervorragend als Beigabe zu Nouvelle-Cuisine-Hauptgerichten. Einige Japaner lieben die Sauce recht sauer und nehmen 45 ml destillierten weißen Essig anstelle von 60 ml Reisweinessig.

1. Die Gurkenscheiben in einen Durchschlag geben. Mit Salz bestreuen. 30 Minuten stehen lassen.
2. Die Gurkenscheiben aus dem Durchschlag nehmen. Mit Küchenkrepp abtupfen.
3. Essig, Sojasauce und Zucker in ein Gefäß mit festschließendem Deckel geben. Gut schütteln, bis der Zucker sich aufgelöst hat.
4. Die Gurkenscheiben in eine Salatschüssel geben. Dressing darübergießen, leicht mischen.
5. Die Sesamkerne in einer Pfanne ohne Fett bei großer Hitze rösten, die Pfanne dabei schütteln. Wenn die Kerne anfangen zu springen, aus der Pfanne nehmen und im Mörser zerstoßen. Über den Salat streuen, servieren.

Weißkohlsalat nach Art des Nahen Ostens

ZUTATEN/FÜR 4–6 PERSONEN

700 g Weißkohl, grobgeraspelt

2–3 TL Salz

240 ml frischer Orangensaft

3 EL frischer Zitronensaft

1/4 TL Zucker

1/2 TL Honig

1 TL Chilischote, zerstoßen

2 TL Weißweinessig

1/2 TL Salz

Dieser Weißkohlsalat unterscheidet sich erheblich von der Sorte, die gewöhnlich mit einer wässrigen Mayonnaise serviert wird. Er bleibt selbst an heißesten Tagen frisch und knusprig. Paßt gut zu Fleischgerichten, besonders vom Grill.

1. Den geraspelten Kohl in einen Durchschlag geben. 2–3 TL Salz darüberstreuen. 1 Stunde ziehen lassen.
2. Das Salz abspülen. Abtropfen lassen. Kohl in ein Küchenhandtuch geben und so viel Flüssigkeit wie möglich herausdrücken.
3. Orangensaft, Zitronensaft, Zucker, Honig, Paprika, Essig und Salz in eine Salatschale geben. Gut durchrühren. Den Kohl dazugeben und alles gut vermengen.

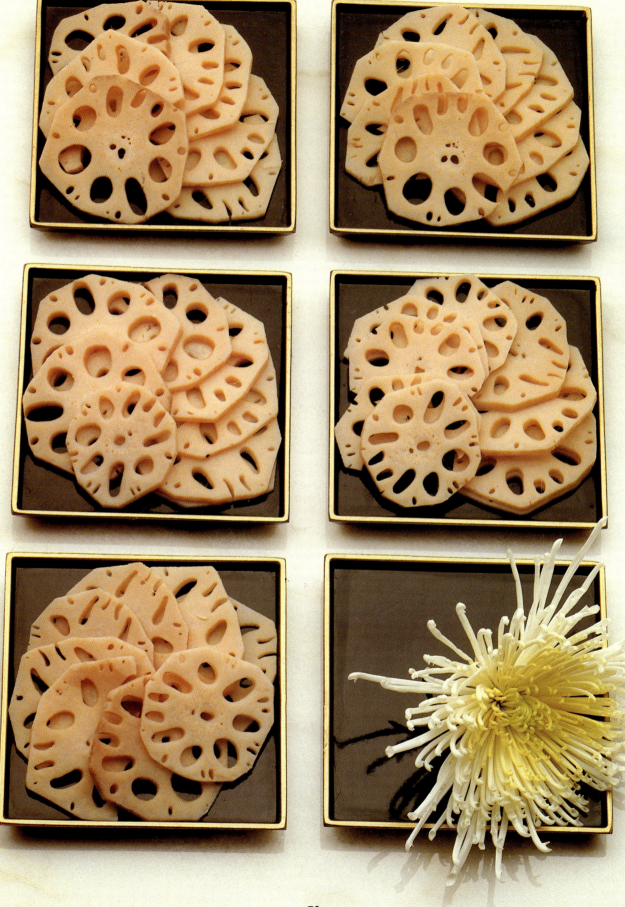

GEMÜSESALATE UND GRÜNE SALATE

Chinesischer Lotuswurzel-Salat

ZUTATEN/FÜR 4–6 PERSONEN

450 g Lotuswurzel, frisch oder aus der Dose, gut gewaschen und geschält

1 l kochendes Wasser

1 EL Sojasauce

2 EL Weißweinessig

1 EL Zucker

1 EL Erdnußöl

2 EL Sesamöl

¼ TL Salz

• *Foto gegenüber*

Lotuswurzel gibt es frisch, in Dosen oder getrocknet in asiatischen Lebensmittelgeschäften. Möglichst frische Lotuswurzel für den Salat verwenden. Getrocknet oder in Dosen hat der Lotus einen anderen Geschmack und eine andere Konsistenz. Dieser delikate Salat paßt hervorragend zu Nouvelle-Cuisine-Hauptgerichten.

1. Die Enden der Lotuswurzel abschneiden. Die Wurzel mit einem sehr scharfen Messer in 3-mm-runde Scheiben schneiden. Um Verfärbung zu vermeiden, die Scheiben in eine Schüssel mit kaltem Wasser legen.
2. Die Scheiben abtropfen lassen, mit kochendem Wasser übergießen. 5 Minuten ziehen lassen. Abgießen, mit kaltem Wasser spülen. Wieder abgießen. Mit Küchenkrepp die Lotusscheiben sorgfältig abtupfen.
3. Sojasauce, Essig, Zucker, Erdnußöl, Sesamöl und Salz in ein Gefäß mit festschließendem Deckel geben. Gut schütteln, bis Zucker und Salz gelöst sind.
4. Die Lotuswurzelscheiben auf einer Platte arrangieren.
5. Mit dem Dressing übergießen. Ca. 1 ½ Stunden kühlstellen, dann servieren.

Schwedischer Tomatensalat

ZUTATEN/FÜR 6 PERSONEN

6 große Tomaten, entkernt und halbiert

180 ml Walnußöl

90 ml Weißweinessig

2 Knoblauchzehen, zerdrückt

¾ TL getrockneter Dill

¼ TL Zucker

¼ TL Honig

½ TL Dijon-Senf

2 EL frischer Schnittlauch, kleingehackt

½ TL Salz

¼ TL frischgemahlener schwarzer Pfeffer

6–8 Salatblätter

6 Petersilienzweiglein

Für dieses Rezept eignen sich am besten frische, gartengereifte Tomaten. Wenn man sie nur im Geschäft kaufen kann, 1 Stunde länger als vorgegeben in der Marinade lassen. Das sollte die härtesten Tomaten weich machen und ihnen Aroma verleihen. Der Salat eignet sich als Vorspeise oder als Beigabe zu einfachen Fischgerichten, Kalbfleisch oder Geflügel.

1. Die Tomaten mit der Schnittfläche nach unten in eine flache Schüssel legen.
2. Walnußöl, Essig, Knoblauch, Dill, Zucker, Honig, Senf, Schnittlauch, Salz und Pfeffer in ein Gefäß mit festschließendem Deckel geben. Heftig schütteln, bis alle Zutaten gut vermengt sind.
3. Die Tomaten mit dem Dressing übergießen. Den Salat ca. 2 ½ Stunden kühlstellen. Alle 30 Minuten das Dressing wieder über die Tomaten schöpfen.
4. Eine Salatschale mit Salatblättern auslegen. Die Tomaten aus der Schüssel nehmen und auf die Salatblätter legen. Mit dem Dressing übergießen. Mit Petersilie garnieren und servieren.

GEMÜSESALATE UND GRÜNE SALATE

Deutscher Kartoffelsalat

Der Dill in diesem Salat ist das, was ihn deutsch macht! Paßt gut zu gebratenem Hähnchen, kaltem Roastbeef oder Schinken. Kartoffeln an einem kühlen Ort lagern, nicht im Kühlschrank. Niedrige Temperatur beschleunigt bei Kartoffeln den Umwandlungsprozeß von Stärke in Zucker und bewirkt einen unangenehmen, süßlichen Geschmack.

1. Die Kartoffeln ungeschält in einem großen Topf mit Salzwasser kochen. Abgießen und schälen, solange sie noch warm sind, und in Würfel schneiden. Kleine Kartoffeln können im Stück bleiben.
2. Kartoffeln in eine Salatschüssel geben. Zwiebeln, Knoblauch, Kapern, Dill und Petersilie dazugeben. Leicht vermengen.
3. Salz, Pfeffer, Öl, Essig, Rinderbrühe und Zucker in ein Gefäß mit festschließendem Deckel geben. Gut schütteln, bis alles vermengt ist.
4. Die Kartoffeln mit dem Dressing übergießen und leicht mischen. Ca. 1½ Stunden bei Zimmertemperatur stehenlassen, dann servieren.

ZUTATEN/FÜR 6 PERSONEN

6 große oder 900 g kleine Kartoffeln
4 Frühlingszwiebeln, feingehackt
1 Knoblauchzehe, feingehackt
1 TL Kapern, abgetropft
2 EL frischer Dill, gehackt
1 EL frische Petersilie, kleingehackt
1 TL Salz
1 TL frischgemahlener schwarzer Pfeffer
75 ml reines Olivenöl
45 ml Weinessig
1 EL Rinderbrühe nach Wahl
½ TL Zucker

• Foto gegenüber

Traditioneller Kartoffelsalat

Heute wird Kartoffelsalat gewöhnlich mit Mayonnaise angemacht, aber um die Jahrhundertwende war ein gekochtes Dressing an der Tagesordnung. Dieses Rezept versucht, das Aroma des gekochten Dressing mit einer einfachen Mayonnaise zu kombinieren. Alternativ kann auch Saure-Sahne-Dressing (siehe S. 37), Joghurt-Mayonnaise (siehe S. 39) oder Tofu-Mayonnaise (siehe S. 39) genommen werden. Das Allzweck-Dressing (siehe S. 40) ist weniger sämig, aber auch eine geschmackvolle Abwechslung.

1. Die Kartoffeln, Zwiebeln, Oliven, Sellerie und Eier in eine Salatschüssel geben. Leicht mischen.
2. Mayonnaise, Essig, Salz und Pfeffer dazugeben. Gut mischen. Mit Petersilie garnieren und servieren.

ZUTATEN/FÜR 4–6 PERSONEN

7 mittelgroße Kartoffeln, geschält, gekocht und in Würfel geschnitten
1 mittelgroße Zwiebel, feingehackt
2 EL grüne, mit Piment gefüllte Oliven, feingehackt
225 g Sellerie, in Scheiben geschnitten
2 hartgekochte Eier, gehackt
180 ml Mayonnaise
2 EL/30 ml Weinessig
½ TL Salz
1 TL frischgemahlener schwarzer Pfeffer
2 EL frische Petersilie, gehackt

GEMÜSESALATE UND GRÜNE SALATE

Tomatensalat mit Mozzarella

ZUTATEN/FÜR 4 PERSONEN

2–3 große Tomaten, in dünne Scheiben geschnitten

125 g frischer Mozzarella, in dünne Scheiben geschnitten

2 EL frisches Basilikum

90 g extra-extrafeines naturreines Olivenöl

¼ TL Salz

½ TL frischgemahlener schwarzer Pfeffer

- Foto gegenüber

Für diesen wunderbaren Salat benötigt man weder Essig noch Zitronensaft. Öl allein genügt, die Tomaten bringen ihre natürliche Säure mit. Je frischer die Tomaten, desto schmackhafter der Salat.

1. Tomaten- und Mozzarella-Scheiben in eine Schale legen.
2. Mit dem Basilikum bestreuen.
3 Mit Öl beträufeln und Salz und Pfeffer bestreuen. Servieren.

Italienischer Zucchini-Salat

ZUTATEN/FÜR 4 PERSONEN

2 mittelgroße Zucchini

120 ml reines Olivenöl

45 ml Rotweinessig

1 Frühlingszwiebel, nur das Weiße verwenden, kleingehackt

½ TL getrocknetes Basilikum

⅛ TL getrocknetes Oregano

⅛ TL getrockneter Majoran

1 Knoblauchzehe, zerdrückt

¼ TL Salz

2 EL frische Petersilie, gehackt

½ TL frischgemahlener schwarzer Pfeffer

Zucchini, auch Courgettes genannt, sind sehr beliebt, besonders in Frankreich, Italien und Griechenland. Der Salat eignet sich gut als Beigabe zu Nudel- oder Fischgerichten.

1. Die Zucchini ca. 7–8 Minuten in Salzwasser kochen. Abgießen und ca. 5 Minuten in sehr kaltem Wasser abspülen. Abgießen und abtrocknen. In sehr dünne Scheiben schneiden.
2. Olivenöl, Essig, Frühlingszwiebel, Basilikum, Oregano, Majoran, Knoblauch und Salz in ein Gefäß mit festschließendem Deckel geben. Schütteln, bis alles gut vermengt ist.
3. Zucchini in eine Salatschüssel geben, mit dem Dressing übergießen. Leicht mischen. Ca. 15–20 Minuten ziehen lassen. Mit Petersilie und Pfeffer bestreuen, servieren.

GEMÜSESALATE UND GRÜNE SALATE

Cachcombar

Dieser indische Tomatensalat mit Zwiebeln eignet sich hervorragend als erfrischender Abschluß eines reichhaltigen Essens. Er enthält viele Zwiebeln; garnieren Sie ihn also reichlich mit Petersilie, denn Petersilie sorgt für frischen Atem.

1. Ingwer, Koriander, Limonensaft, Salz und Pfeffer in ein Gefäß mit festschließendem Deckel geben. Schütteln, bis das Salz aufgelöst ist.
2. Tomaten und Zwiebeln auf einer Platte anrichten. Mit der grünen Paprika und der Chilischote bestreuen.
3. Das Dressing über den Salat gießen. Ca. 30 Minuten bei Zimmertemperatur ziehen lassen, dann servieren.

ZUTATEN/FÜR 4 PERSONEN

- 1 TL feingehackter, frischer Ingwer
- 1 EL gehackter, frischer Koriander oder Petersilie
- 1/4 TL Salz
- 1/4 TL frischgemahlener schwarzer Pfeffer
- 3 große Tomaten, entkernt und in Scheiben geschnitten
- 2 mittelgroße weiße Zwiebeln, in Ringe geschnitten
- 110 g grüne Paprikaschote, gehackt
- 2 grüne Chilischoten, entkernt und grobgehackt

• *Foto gegenüber, oben*

Marokkanischer Grüner Paprikasalat

Dieser Salat ist in Marokko sehr beliebt. Für ein besseres Aroma verwenden Sie anstelle der zerstoßenen, getrockneten Chilischoten zwei frische, entkernte Chilischoten. Der Salat eignet sich als Beigabe zu Fleischeintopf und Couscous.

1. Grill vorheizen. Die Paprikaschoten und Tomaten auf ein Backblech legen und unter mehrfachem Wenden garen, bis die Haut aufplatzt.
2. Aus dem Ofen nehmen. Wenn sie abgekühlt sind, enthäuten und entkernen.
3. Die Paprikaschoten, Tomaten und Zwiebeln kleinhacken. In eine Salatschüssel geben.
4. Olivenöl, Zitronensaft, Kümmel, zerstoßenen Chili und Koriander in ein Gefäß mit festschließendem Deckel geben. Gut schütteln.
5. Den Salat mit dem Dressing übergießen und mischen. Ca. 1 1/2 Stunden im Kühlschrank ziehen lassen, gelegentlich mischen.
6. Aus dem Kühlschrank nehmen. Mit den Oliven und Anchovis garnieren.

ZUTATEN/FÜR 6 PERSONEN

- 6 große grüne Paprikaschoten
- 6 große Tomaten
- 2 mittelgroße Zwiebeln
- 90 ml reines Olivenöl
- 45 ml frischer Zitronensaft
- 1 EL gemahlener Kümmel
- 1/4 TL zerstoßene Chilischoten
- 3/4 TL gehackter frischer Koriander
- 6 schwarze Oliven
- 6 Anchovisfilets

• *Foto gegenüber, unten*

GEMÜSESALATE UND GRÜNE SALATE

Russischer Rettich-Gurken-Zakuski

Zakuski *ist das russische Wort für Vorspeise. Es wird immer vor dem Hauptgang serviert, am besten zusammen mit einem eisgekühlten Wodka. Im zaristischen Rußland war es Sitte, einige Stunden vor dem üppigen Mahl mit Zakuski und Wodka zu beginnen. Heute ist Zakuski nicht länger dem Adel vorbehalten.*

1. Das Eigelb vom Eiweiß trennen. In einer kleinen Schüssel mit einer Gabel zerdrücken. Das Eiweiß hacken und zur Seite stellen.
2. Die saure Sahne, Salz, Pfeffer und 2 EL Dill in die Schüssel geben und mit dem Eigelb vermengen.
3. Die Rettich- und Gurkenscheiben auf einer Platte anrichten.
4. Die Eigelb-Sahne-Mischung dazugeben. Mit dem restlichen Dill und dem gehackten Eiweiß garnieren. Mit Vollkornbrot reichen.

ZUTATEN/FÜR 4–6 PERSONEN

2 hartgekochte Eier

240 ml saure Sahne

¾ TL Salz

1 TL frischgemahlener schwarzer Pfeffer

3 EL gehackter, frischer Dill

225 g Rettich, dünngeschnitten

1 große Salatgurke, geschält, entkernt und in dünne Scheiben geschnitten

• *Foto gegenüber, oben*

Thailändischer Wasserkastanien-Salat

Wasser- oder Eßkastanien wachsen in Asien, Europa und Nordamerika. In Dosen sind sie in Delikatessen- und asiatischen Lebensmittelgeschäften erhältlich. Dieser Salat ist eine kleine Mahlzeit für sich. Er eignet sich auch gut als Beigabe zu einfachen Fisch- und Geflügelgerichten.

1. Erdnußöl in einer Pfanne erhitzen. Knoblauch und Zwiebeln darin dünsten, bis sie goldbraun sind. In eine große Rührschüssel geben.
2. Die Fischsauce, den braunen Zucker und den Limonensaft dazugeben. Rühren, bis der Zucker aufgelöst ist. Das Hack, die Minze und den Koriander dazugeben. Leicht mengen.
3. Die Mischung auf einer Platte anrichten, die Eßkastanien und Garnelen drum herum garnieren. Mit den Chilistreifen garnieren und servieren.

ZUTATEN/FÜR 6 PERSONEN

2 EL Erdnußöl

4 Knoblauchzehen, feingehackt

1 mittelgroße Zwiebel, feingehackt

2 EL Fischsauce

1 EL brauner Zucker

90 ml frischer Limonensaft

225 g Schweinehack, gegart

1 EL gehackte frische Minze

3 EL gehackter Koriander

900 g Eßkastanien, abgetropft

125 g gekochte Garnelen

2 rote Chilischoten, entkernt und in Streifen geschnitten

• *Foto gegenüber, unten*

BOHNEN UND HÜLSENFRÜCHTE

Bohnensalat mit Thunfisch

ZUTATEN/FÜR 6 PERSONEN

700 g gekochte Cannellini oder andere weiße Bohnen, abgetropft

120 extrafeines naturreines Olivenöl

3 EL/45 ml frischer Zitronensaft

1 TL Salz

1/2 TL frischgemahlener schwarzer Pfeffer

1 Zwiebel, in dünne Scheiben geschnitten

8 schwarze Oliven, entkernt und halbiert

180–225 g Thunfisch aus der Dose, abgetropft

2 EL frische Petersilie, gehackt

2 EL frisches Basilikum, gehackt

• Foto gegenüber, oben

Dieses Gericht aus der Toskana hieß ursprünglich fagioli freschi al tonno und wurde als heißes Hauptgericht serviert. Irgendwann dann wandelte es sich zur kalten Vorspeise. Auch andere Bohnen, z.B. weiße Bohnen, können an Stelle von Cannellini verwendet werden.

1. Bohnen in eine große Salatschüssel geben.
2. Olivenöl, Zitronensaft, Salz und Pfeffer in ein Gefäß mit festschließendem Deckel geben. Gut schütteln. Die Bohnen mit dem Dressing übergießen.
3. Die Oliven und Zwiebeln an den Salat geben, mischen. Thunfisch hinzufügen, wieder mischen. Mit Petersilie und Basilikum bestreuen, servieren.

Kichererbsen-Salat

ZUTATEN/FÜR 6 PERSONEN

60 g Rosinen

450 g gekochte Kichererbsen

110 g rote Paprikaschote, geviertelt

110 g Frühlingszwiebeln, nur das Weiße, feingehackt

2 EL Piment, gehackt

3 EL frische Petersilie, gehackt

90 ml reines Olivenöl

45 ml frischer Zitronensaft

1/2 TL getrockneter Thymian

1/4 TL Salz

1/2 TL frischgemahlener schwarzer Pfeffer

3 EL gefüllte grüne Oliven, gehackt

• Foto gegenüber, unten

Kichererbsen sind besonders im südlichen Europa sehr beliebt. Sie wurden von den spanischen Eroberern in die Neue Welt mitgebracht. Der Salat eignet sich vorzüglich als Beigabe zu Lamm- oder Schweinefleisch. Kichererbsen über Nacht einweichen, dann 2–3 Stunden kochen oder vorgekochte Kichererbsen aus der Dose verwenden.

1. Rosinen mit kaltem Wasser in einer Schüssel ca. 30 Minuten einweichen. Gut abtropfen.
2. Kichererbsen, Paprikaschoten, Rosinen, Zwiebeln, Piment und Petersilie in eine Salatschüssel geben, mischen.
3. Olivenöl, Zitronensaft, Thymian, Salz und Pfeffer in ein Gefäß mit festschließendem Deckel geben. Gut schütteln, bis das Salz aufgelöst ist. Das Dressing über den Salat geben und gut mischen. Ca. 1 1/2 Stunden kühlstellen.
4. Salat aus dem Kühlschrank nehmen. Mischen, mit den Oliven garnieren und servieren.

KÄSESALATE

Italienischer Fontinakäse-Salat

Fontina ist ein Käse aus Norditalien, hat eine cremige Konsistenz, schmeckt mild und läßt sich gut mit anderen Zutaten kombinieren. Zusammen mit einem trockenen Rotwein eignet sich dieser Salat gut als Vorgericht.

1. Grill vorheizen.
2. Die Paprikaschoten auf ein Backblech legen und ca. 10–15 Minuten backen, bis die Haut aufplatzt und braun wird. Aus dem Backofen nehmen.
3. Wenn die Paprikaschoten abgekühlt sind, häuten und in Streifen schneiden. Die Paprikastreifen, den Käse und die Oliven in eine Salatschüssel geben.
4. Olivenöl, Senf, Sahne, Frühlingszwiebel, Salz und Pfeffer in ein Gefäß mit festschließendem Deckel geben. Gut durchschütteln.
5. Den Salat mit dem Dressing übergießen, mischen. 1–2 Stunden im Kühlschrank kühlstellen. Mit der Petersilie garnieren und mischen. Servieren.

ZUTATEN/FÜR 6 PERSONEN

2 große gelbe Paprikaschoten, entkernt und halbiert

2 große rote Paprikaschoten, entkernt und halbiert

225 g Fontinakäse, gewürfelt

60 g entsteinte Oliven, in dünne Scheiben geschnitten

90 ml reines Olivenöl

1 1/2 TL Dijon-Senf

3 EL/45 ml süße Sahne

1 EL gehackte Frühlingszwiebel

3/4 TL Salz

1 TL frischgemahlener schwarzer Pfeffer

1 EL frische Petersilie, gehackt

• *Foto gegenüber, unten*

Linsensalat mit Fetakäse

Feta ist ein krümeliger Käse, der in Griechenland und im Nahen Osten zu Hause ist. Gibt es in Käsegeschäften und auch im Supermarkt. Der Salat paßt zu Fisch- und Geflügelgerichten.

1. Linsen in eine Schüssel geben. In 750 ml kaltem Wasser einweichen und ca. 2 Stunden stehen lassen. Abgießen.
2. Linsen in einen Topf geben, mit kaltem Wasser aufgießen, bis sie bedeckt sind. Lorbeerblatt, Basilikum, 1 Knoblauchzehe dazugeben. Zum Kochen bringen, Deckel auflegen und ca. 20 Minuten auf kleiner Flamme kochen.
3. Sellerie und Zwiebel dazugeben. Wieder mit Wasser auffüllen, bis Linsen bedeckt sind. Zugedeckt ca. 10 Minuten auf kleiner Flamme weiterkochen.
4. Linsen abgießen, Lorbeerblatt und Knoblauchzehe entfernen.
5. Linsen, Sellerie und Zwiebel in eine Schüssel geben. Schnittlauch und Feta dazugeben, mischen.
6. Olivenöl, Essig, Oregano, restliche Knoblauchzehe, Salz und Pfeffer in ein Gefäß mit festschließendem Deckel geben. Gut schütteln.
7. Dressing über die Linsen geben und mischen. Ca. 2 Stunden ziehen lassen, gelegentlich mischen. Dann servieren.

ZUTATEN/FÜR 6 PERSONEN

350 g braune Linsen

1 Lorbeerblat

1/2 TL getrocknetes Basilikum

2 Knoblauchzehen, zerdrückt

110 g Stangensellerie, gewürfelt

1 kleine Zwiebel, gehackt

110 g frischgehackter Schnittlauch

180 g Feta-Käse, gekrümelt

90 ml jungfr. Olivenöl

45 ml Weinessig

1/8 TL getrockneter Oregano

1/2 TL Salz

1/2 TL frisch gemahlener schwarzer Pffefer

• *Foto gegenüber, oben*

EIERSALATE

Nepalesischer Eiersalat

Der Salat sieht aus wie die schneebedeckten Abhänge des Himalaya, die vom Nebel verhangen sind. Genau so exotisch schmeckt er auch. Paßt gut als gekühlte Beigabe zu Currygerichten oder jeglichem pikanten Gericht.

1. Die Butter in einer kleinen Pfanne auslassen. Chilischoten, Kümmel und Kardamon dazugeben. Vorsichtig sautieren, damit nichts anbrennt. Das wird den Geschmack der Gewürze festigen und sie nicht mehr „roh" schmecken lassen. Pfanne vom Herd nehmen. Gewürze auf einem Küchenkrepp abtropfen und zur Seite stellen.
2. Joghurt, Koriander, Limone und Salz in eine Rührschüssel geben. Kurz durchrühren. Die anderen Gewürze dazugeben und gut mischen.
3. Die Eier auf einer Platte anrichten und das Dressing darübergeben.

ZUTATEN/FÜR 6 PERSONEN

30 g Butter
2 TL gehackte Chilischote
1 TL gemahlener Kümmel
3/4 TL gemahlener Kardamon
360 ml Joghurt natur
5 EL gehackter frischer Koriander
1 kleine Limone mit Schale, feingehackt
3/4 TL Salz
6–8 hartgekochte Eier, halbiert

• Foto gegenüber

Traditioneller Eiersalat

Anchovis sind im strengen Sinne nicht herkömmlich für Eiersalat, aber sie geben dem Salat Aroma und die erforderliche salzige Würze. Eiersalat paßt gut zu kaltem Fleisch oder Brathähnchen, z. B. bei Picknicks oder kalten Büffets. Außerdem schmeckt er gut auf Sandwiches.

1. Die Eier, Sellerie, Anchovis und Zwiebel in eine Rührschüssel geben. Leicht vermischen.
2. Die Mayonnaise, Cayenne-Pfeffer, Salz und Pfeffer dazugeben. Mischen, bis alle Zutaten durchgemengt sind. 1–2 Stunden kühlstellen.
3. Vier Salatschalen mit Salatblättern auslegen. Eiersalat aus dem Kühlschrank nehmen und auf die 4 Teller verteilen. Jeden Teller mit einem Tomatenviertel garnieren, dann servieren.

ZUTATEN/FÜR 4 PERSONEN

6 hartgekochte Eier, gehackt
110 g Sellerie, gehackt
5 Anchovisfilets, gehackt
3 EL gehackte Frühlingszwiebel
120 ml Mayonnaise
3/4 TL Cayenne-Pfeffer
1/2 TL Salz
1/2 TL frischgemahlener schwarzer Pfeffer
4–8 Salatblätter
1 große Tomate, geviertelt

FISCH- UND MEERESFRÜCHTESALATE

Lachs-Salat

Diese Creation der Nouvelle Cuisine eignet sich gut als Hauptgericht. Fruchtessig eignet sich gut für die Zubereitung. Den Lachs nur kurz sautieren, damit er nicht trocken wird.

ZUTATEN/FÜR 4 PERSONEN
- 90 ml Himbeeressig
- 3 EL Schalotten, feingehackt
- 180 ml reines Olivenöl
- 1/2 TL Salz
- Frischgemahlener schwarzer Pfeffer nach Geschmack
- 60 ml Ghee (indisches Butterfett) oder zerlassene Butter
- 700 g Lachsfilet in dicken Scheiben
- 2 kleine Köpfe Eisbergsalat
- 1/2 Salatgurke, in dünnen Scheiben

ZUM GARNIEREN:
- Gurkenkegel-Garnierung (siehe S. 25)

• Foto gegenüber

1. Den Essig und die Schalotten in einer kleinen Schüssel vermengen. Das Olivenöl langsam dazugießen. Durchrühren, bis alles gut vermengt ist. Salz und Pfeffer dazugeben, weiterrühren. Zur Seite stellen.
2. Die Butter in einer großen Pfanne bei großer Hitze auslassen. Den Lachs dazugeben und 1–2 Minuten kurz sautieren. Pfanne vom Herd nehmen.
3. Die Salatblätter auf einer Platte anrichten. Die Lachsscheiben auf den Salat legen.
4. Das Dressing noch einmal durchschlagen und gleichmäßig über den Lachs gießen. Warm servieren, garniert mit Gurkenscheiben.

Jakobsmuscheln-Seviche

Die alten Inkas haben das Seviche erfunden. Muscheln in Zitronensaft zu marinieren war einfach, da es kein Kochen erforderte. Für das Rezept werden frische Jakobsmuscheln benötigt, aber auch jeder Fisch mit festem, weißem Fleisch wie Heilbutt, Dorsch oder Kabeljau eignet sich dafür. Seviche eignet sich als Vorspeise oder kleines Mittagessen mit einem trockenen Weißwein.

ZUTATEN/FÜR 6 PERSONEN
- 240 ml frischer Zitronensaft
- 240 ml frischer Limonensaft
- 3 EL zerstoßene Chilischoten
- 1 große Knoblauchzehe, feingehackt
- 900 g rohe Jakobsmuscheln, grobgehackt
- 2 große Tomaten, entkernt und gehackt
- 1 Avocado, geschält und gewürfelt
- 60 g Frühlingszwiebel, feingehackt
- 1/2 TL Salz
- 1/2 TL frischgemahlener schwarzer Pfeffer
- 1 Kopf römischer Salat, in mundgerechte Stücke gezupft

1. Limonen- und Zitronensaft in eine große Rührschüssel geben. Chili und Knoblauch dazugeben. Rühren.
2. Die Jakobsmuscheln dazugeben. Wenn der Zitronensaft das Muschelfleisch nicht ganz bedeckt, mehr dazugeben. Gut durchrühren. Ca. 3 Stunden kühlstellen. Das Fleisch der Jakobsmuscheln wird in der Marinade weiß.
3. Die Tomaten, Avocado, Frühlingszwiebel, Salz und Pfeffer in eine große Rührschüssel geben. Mischen.
3. Die Jakobsmuscheln abgießen, ca. 60 ml von der Marinade zurückbehalten. Die Muscheln zu der Tomaten-Avocado-Mischung geben. Die restliche Marinade darübergießen, mischen. Ca. 30 Minuten bei Zimmertemperatur ziehen lassen, gelegentlich mischen.
5. Die Salatblätter auf einer Platte anrichten. Die Marinade vom Muschelsalat abgießen, auf den Salatblättern anrichten. Servieren.

FISCH- UND MEERESFRÜCHTESALATE

Griechischer Schwertfischsalat

Schwertfisch, aber auch anderer festfleischiger Fisch, wie Lachs oder Heilbutt, eignet sich für dieses Rezept. Bei heißem Wetter ist der Salat eine hervorragende Mahlzeit.

1. Die Schwertfischsteaks in eine große Bratpfanne geben. Wasser, Majoran, Lorbeerblatt, Pfefferkörner, Zwiebel, Olivenöl, Zitronenscheiben und Salz dazugeben. Bei bedeckter Pfanne und mittlerer Hitze leicht kochen, bis das Fleisch bröckelig wird, ca. 8–9 Minuten.
2. Abkühlen lassen, Fisch aus der Pfanne nehmen. Die Steaks auf einen Teller legen und bedeckt im Kühlschrank ca. 1½ Stunden kühlen.
3. Die Flüssigkeit aus der Pfanne in einen mittelgroßen Topf seihen. Den Fischsud bei mittlerer Hitze bis auf ca. 120 ml einkochen.
4. Die Eigelb mit Cayenne-Pfeffer und Zitronensaft in einer Rührschüssel schlagen, bis alles gut vermengt ist. Die noch warme Fischbrühe dazugeben. Weiterschlagen.
5. Die Fischsud-Mischung in einen Simmertopf (Wasserbad) geben. Über kochendem Wasser und unter stetem Rühren kochen, bis die Mischung sämig wird. Die obere Hälfte des Topfes abnehmen, abkühlen lassen.
6. Langsam die saure Sahne darunterziehen, stetig rühren, bis alles gut vermengt ist. In eine Schale abgießen und bedeckt ca. 1 Stunde im Kühlschrank kühlstellen.
7. Eine große Platte mit Salatblättern belegen. Die Schwertfischsteaks auf den Salat legen, die Tomatenscheiben rundherum arrangieren. Löffelweise das Dressing auf den Fisch geben. Mit Garnelen bestreuen. Mit schwarzen Oliven garnieren, servieren.

ZUTATEN/FÜR 6 PERSONEN

- 900 g Schwertfischsteaks
- 360 ml Wasser
- ½ TL getrockneter Majoran
- 1 Lorbeerblatt
- 5 ganze schwarze Pfefferkörner
- 1 kleine Zwiebel, geviertelt
- 1 EL reines Olivenöl
- 4 Zitronenscheiben
- ½ TL Salz
- 2 Eigelb
- ¾ TL Cayenne-Pfeffer
- 1 EL frischer Zitronensaft
- 120 ml saure Sahne
- 1 Kopf Römischer Salat
- 2 mittelgroße Tomaten, in dünnen Scheiben
- 225 g gekochte Garnelen, grobgehackt
- 12 schwarze Oliven

Räucherfischsalat

Durch den Wodka in diesem Rezept bekommt es seinen russischen Akzent — niemals weglassen! Räucherfischsalat eignet sich vorzüglich als Wochenendbrunch, aber auch als Vorspeise.

1. Den Fisch mit einer Gabel in grobe Stücke zerteilen. Auf einer Platte anrichten.
2. Die saure Sahne, Zwiebel und Dill in einer Schale vermengen.
3. Das Dressing mit noch mehr Dill garnieren, den Wodka dazugeben. Den Fisch mit Brunnenkresse garnieren, servieren.

ZUTATEN/FÜR 6 PERSONEN

- 3 große geräucherte Forellen (ersatzweise Makrelen oder Schellfisch), gesäubert und aufgeschlitzt
- 360 ml saure Sahne
- 1 große rote Zwiebel, gehackt
- 1 EL frischgehackter oder 1 TL getrockneter Dill
- 1 EL Wodka
- Salz nach Geschmack
- Frischgemahlener schwarzer Pfeffer nach Geschmack
- 60 g Brunnenkresse, gehackt

• *Foto gegenüber*

FISCH- UND MEERESFRÜCHTESALATE

Nizza-Salat

Jeder Koch hat seine Version dieses klassischen Salates aus Südfrankreich — es gibt eigentlich kein „richtiges" Rezept. In einigen Fällen wird der Thunfisch durch gekochte Muscheln ersetzt, werden 225 g Kartoffelsalat in Vinaigrette-Dressing oder 225 g gekochte Prinzeßbohnen hinzugefügt. Am besten passen zu diesem herzhaften Salat knuspriges Weißbrot und Rotwein.

1. Die Salatblätter in einer Salatschüssel anrichten. Den Thunfisch zerbröckeln und in die Mitte der Schüssel geben. Die Anchovis, Eier, Paprikastreifen, Tomatenachtel und schwarzen Oliven kreisförmig drum herumlegen. Der Salat sollte den Eindruck eines farbigen Rades vermitteln.
2. Die Zwiebelringe, Petersilie und gehackten grünen Oliven über den Salat streuen.
3. Das Dressing erst kurz vor dem Servieren über den Salat gießen. Nicht vermischen!

ZUTATEN/FÜR 4–6 PERSONEN

1 Kopfsalat

400 g Thunfisch, abgetropft

6 Anchovisfilets

2 hartgekochte Eier, gehackt

2 grüne Paprikaschoten, entkernt und in Streifen geschnitten

3 große Tomaten, in Achtel geschnitten

12 schwarze Oliven, entsteint

½ kleine Gemüsezwiebel, in Ringe geschnitten

1 EL frische Petersilie, gehackt

1 EL grüne Oliven, entsteint und kleingehackt

180 ml French Dressing (siehe S. 34)

• *Foto gegenüber*

Tofu-Thunfisch-Salat

Schnell und leicht zuzubereiten, billig und nahrhaft — das sind die Merkmale dieses Salates, der von einem Freund, der in Asien studierte, erfunden wurde. Paßt als Vorspeise oder leichtes Mittagessen. Statt der Zwiebeln können auch Schalotten verwendet werden.

1. Thunfisch, Tofu, Zwiebeln, Frühlingszwiebeln und Paprika in eine Salatschüssel geben. Mit einem Holzlöffel vermengen. Mayonnaise dazugeben und nochmals mischen.
2. Servieren.

ZUTATEN/FÜR 4 PERSONEN

180 g Thunfisch, abgetropft

1 Tofu (Sojakuchen)

2 EL gehackte Zwiebel

4 Frühlingszwiebeln, feingehackt

1 mittelgroße grüne Paprikaschote, grobgehackt

60 ml Mayonnaise

½ TL Salz

FISCH- UND MEERESFRÜCHTESALATE

Italienischer Meeresfrüchte-Salat

ZUTATEN/FÜR 6 PERSONEN

- 450 g gekochte Miesmuscheln
- 450 g gekochte Venusmuscheln
- 450 g gekochte Herzmuscheln
- 450 g gekochte Garnelen
- 450 g gekochte Scampi
- 450 g Tintenfisch in Öl
- 120 ml extra-extrafeines naturreines Olivenöl
- 45 ml frischer Zitronensaft
- 1 TL Dijon-Senf
- 1 EL frische Petersilie, gehackt
- 1 EL frisches gehacktes oder 1 TL getrocknetes Basilikum
- 1/2 TL frischgemahlener schwarzer Pfeffer
- Foto gegenüber

Dieser großartige Meeresfrüchte-Salat eignet sich vorzüglich als Hauptgang zum Mittag- oder Abendessen. Die Proportionen der Zutaten können nach Bedarf abgewandelt werden.

1. Die Meeresfrüchte auf einer großen Platte anrichten.
2. Olivenöl, Zitronensaft, Senf, Petersilie, Basilikum und Pfeffer in ein Gefäß mit festschließendem Deckel geben. Gut schütteln. Ein paar Minuten stehen lassen.
3. Dressing mit den Meeresfrüchten servieren.

Krebsfleischsalat mit heißer Kapernsauce

ZUTATEN/FÜR 4 PERSONEN

- 900 g Römischer Salat, in mundgerechte Stücke gezupft
- 225 g gekochtes Krebsfleisch, noch warm
- 120 ml Olivenöl
- 45 ml Rotweinessig
- 3 EL Kapern, abgetropft
- 1 Knoblauchzehe, feingehackt
- 1/4 TL Salz
- 1/2 TL getrocknetes Oregano
- Frischgemahlener schwarzer Pfeffer nach Geschmack

Die Kapernsauce eignet sich auch vorzüglich für gekochten Hummer. Der Salat paßt zum Brunch oder als Vorspeise mit trockenem Weißwein.

1. Die Salatblätter und das Krebsfleisch in eine Salatschüssel geben. Zur Seite stellen. Olivenöl, Essig, Kapern, Knoblauch, Salz, Oregano und Pfeffer in eine Pfanne geben. Erhitzen bis kurz vor dem Siedepunkt. Vom Feuer nehmen. Dressing über den Salat gießen.
2. Gut mischen und sofort servieren.

FISCH- UND MEERESFRÜCHTESALATE

Russischer Heringssalat

ZUTATEN/FÜR 4 PERSONEN

450 g eingelegter Hering, in Stücke geschnitten, davon einige Stücke zur Seite gestellt

3 mittelgroße Kartoffeln, geschält, gekocht und in Würfel geschnitten

110 g Möhren, in Würfel geschnitten

1 mittelgroße Zwiebel, gehackt

110 g Gewürzgurken, feingehackt

4 hartgekochte Eier, 2 kleingehackt, 2 geviertelt

240 ml saure Sahne

15 ml Weinessig

2 EL scharfer Senf

1 TL Zucker

225 g gekochte Rote Bete, in Scheiben

3 EL frischer Dill, gehackt

• *Foto gegenüber*

Am besten läßt sich dieser Salat mit Ostseehering zubereiten, der nach russischer Art mariniert ist. Mit eiskaltem Wodka als Vorspeise reichen. Eignet sich auch gut als Hauptgang.

1. Hering, Kartoffeln, Möhren, Zwiebeln, Gewürzgurken und gehackte Eier in eine große Rührschüssel geben, gut vermengen.
2. Saure Sahne, Essig, Senf und Zucker in eine kleine Rührschüssel geben. Mit einem Holzlöffel rühren, bis alles gut vermengt ist.
3. Den Salat mit dem Sahne-Dressing übergießen und alles gut vermengen. Den Salat in eine Servierschüssel geben und mit den restlichen Heringsstückchen und der Roten Bete garnieren. Ca. 1 Stunde zugedeckt im Kühlschrank lassen.
4. Mit dem Dill und dem geviertelten Ei dekorieren und servieren.

Skandinavischer Heringssalat

ZUTATEN/FÜR 4–6 PERSONEN

2 Salzheringe

2 kleine Äpfel, entkernt und in kleine Stücke geschnitten

450 g gekochte Rote Bete, feingehackt

120 g Zwiebeln, feingehackt

30 g Dillpickles, feingehackt

Olivenöl

Cidre-Essig

2 hartgekochte Eier, gehackt

Salatblätter

1. Salzheringe in kaltem Wasser ca. 2 Stunden wässern. Abgießen und zerkleinern.
2. Das Heringsfleisch in eine Rührschüssel geben. Äpfel, Rote Bete, Zwiebeln und Pickles dazugeben.
3. Mit Olivenöl und Essig nach Geschmack würzen.
4. Gut vermengen. 2 Stunden kühlstellen.
5. Den Salat etwa 45 Minuten vor dem Servieren aus dem Kühlschrank nehmen. Wieder mengen, mit gehacktem Ei bestreuen und auf den Salatblättern angerichtet servieren.

FISCH- UND MEERESFRÜCHTESALATE

Andalusischer Muschelsalat

Frische Muscheln sind bei diesem Gericht vorzuziehen, obwohl Muscheln aus der Dose auch zu verwenden sind. Eignet sich als Hauptgericht zum Mittagessen oder als Vorgericht.

1. Das Eigelb mit 2 EL Olivenöl und dem Knoblauch in einer Schale mischen. Das restliche Öl und den Essig dazugeben. Gut verrühren. Petersilie, Salz und Pfeffer dazugeben und nochmals umrühren.
2. Grüne und rote Paprika, Muscheln und grüne Oliven in eine Salatschüssel geben. Vorsichtig mischen. Das Eidressing über den Salat gießen und nochmals leicht vermengen. Ca. 30 Minuten zugedeckt im Kühlschrank kühlstellen.
3. Den Salat herausnehmen, mit den Zwiebelringen und schwarzen Oliven garnieren, servieren.

ZUTATEN/FÜR 4 PERSONEN

1 hartgekochtes Eigelb

60 ml reines Olivenöl

1 Knoblauchzehe, feingehackt

60 ml Weißweinessig

1 EL frische Petersilie, gehackt

1/2 TL Salz

1/2 TL frischgemahlener schwarzer Pfeffer

125 g grüne Paprikaschote, gehackt

125 g rote Paprikaschote, gehackt

350 g frische Miesmuscheln, gekocht und gut abgetropft

6 grobgehackte grüne Oliven, mit Pimiento (roter Paprika) gefüllt

1 mittelgroße Zwiebel, in Ringe geschnitten

6 schwarze Oliven

• *Foto gegenüber, oben*

Avocadosalat mit Garnelen

Dieses Rezept läßt sich auch leicht halbieren. Wenn Sie das tun, lassen Sie den der Avocado in der Hälfte, die Sie nicht verwenden; das verhindert das Anlaufen der Frucht. Als leichtes Mittagessen oder Vorspeise geeignet. Mit einem weißen Bordeaux reichen.

1. Olivenöl, Essig, Zwiebel, Oregano und Tabasco in ein Gefäß mit festschließendem Deckel geben. Gut schütteln.
2. Die Garnelen in eine Rührschüssel geben. Mit dem Dressing übergießen. Vorsichtig mischen und zudecken. 1–2 Stunden bei Zimmertemperatur ziehen lassen.
3. Tomaten, Gurke, Oliven, Salz, Piment und Pfeffer an die Garnelen geben und unterheben.
4. Die Avocado halbieren, Stein herausnehmen. Mit Zitronensaft beträufeln, um das Anlaufen der Frucht zu verhindern.
5. Salatblätter auf einer Platte anrichten und die Avocadohälften daraufsetzen. Den Garnelensalat auf die Avocados geben. Mit Petersilie bestreuen und servieren.

ZUTATEN/FÜR 6 PERSONEN

60 ml reines Olivenöl

60 ml Weißweinessig

3 EL gehackte Frühlingszwiebel

1/4 TL getrocknetes Oregano

1/4 TL Tabasco-Sauce

450 g gekochte Garnelen

2 große Tomaten, entkernt und gewürfelt

3 EL grobgehackte grüne, mit Pimiento (roter Paprika) gefüllte Oliven

1/2 TL Salz

3 EL gehackter Piment

1/2 TL schwarzer Pfeffer

3 mittelgroße Avocados

1 EL frischer Zitronensaft

6 Salatblätter

3 EL frische Petersilie, gehackt

• *Foto gegenüber, unten*

NUDEL- UND REISSALATE

Nudelsalat mit Schinken und Gemüse

ZUTATEN/FÜR 6 PERSONEN

- 350 g Nudeln, gekocht
- 2 EL/30 ml reines Olivenöl
- 225 g ungekochte Erbsen
- 225 g rohe Möhren, in Scheiben
- 225 g Broccoli, in Röschen zerteilt
- 225 g gekochter Schinken, in Würfeln
- 60 g geriebener Parmesan-Käse
- 2 EL frische Petersilie, gehackt
- 300 ml Italienisches Dressing (siehe S. 40)
- 1 TL frischgemahlener schwarzer Pfeffer

• *Foto gegenüber*

Eignet sich vorzüglich als sommerliches Hauptgericht und zur Verwendung von übriggebliebenem Schinken. Gut dazu paßt ein weißer Mosel- oder Rheinwein.

1. Die gekochten Nudeln in eine Salatschüssel geben, mit dem Öl übergießen. Gut mengen.
2. Die Erbsen, Möhren und den Broccoli in einem großen Topf mit Wasser ca. 8–10 Minuten *al dente* kochen. Abgießen und mit kaltem Wasser abspülen. Gut abtropfen.
3. Die Gemüse und den Schinken an die Nudeln geben. Leicht mengen. Parmesan-Käse und Petersilie dazugeben, mengen. Mit dem Italienischen Dressing übergießen und alles gut vermischen. Mit Pfeffer würzen. Ca. 1 Stunde kühlstellen, dann servieren.

Tortellini-Salat

ZUTATEN/FÜR 4 PERSONEN

- 450 g Tortellini, frisch oder tiefgefroren
- 1/2 mittelgroße rote Zwiebel, feingehackt
- 1 rote Paprikaschote, entkernt und feingehackt
- 110 g Petersilie oder Basilikum, frisch und feingehackt
- 120 ml Sahne-Dressing (siehe S. 38)

Tortellini sind kleine runde Nudeln, die mit einer Fleisch- oder Käsemischung gefüllt sind. Am besten eignen sich frische Tortellini, aber tiefgefrorene gehen natürlich auch. Als Variante können auch 4 Scheiben grobgehackter Prosciutto (luftgetrockneter italienischer Schinken) an den Salat gegeben werden.

1. Tortellini ca. 6–8 Minuten in einem großen Topf mit Salzwasser *al dente* kochen. Abgießen und mit kaltem Wasser abspülen. Gut abtropfen lassen.
2. Tortellini, Zwiebel und Paprika in eine Salatschüssel geben, leicht mengen. Petersilie oder Basilikum dazugeben, mit dem Dressing übergießen. Wieder mengen, servieren.

NUDEL- UND REISSALATE

Nudelsalat mit Muscheln

ZUTATEN/FÜR 4–6 PERSONEN

- 225 g Nudeln, gekocht
- 120 ml reines Olivenöl
- 225 g gekochte Venus- oder Miesmuscheln, kleingehackt
- 3 EL/45 ml frischer Zitronensaft
- 1½ Knoblauchzehen, feingehackt
- 3 EL frische Petersilie, gehackt
- 2 EL frisches Basilikum, gehackt
- 1 EL frische Minze, gehackt
- 3 EL frischgeriebener Parmesan-Käse
- 1 TL Salz
- 1 TL frischgemahlener schwarzer Pfeffer

ZUM GARNIEREN:
Zitronen-„Fliege" (siehe S. 23)

- Foto gegenüber

Obwohl dieser Salat wie ein warmes Nudelgericht mit weißer Muschelsauce aussieht, ist es ein erfrischendes Sommergericht, das sich leicht zubereiten läßt. Statt der Venusmuscheln können auch Miesmuscheln verwendet werden. Der Salat eignet sich als leichtes Mittagessen oder Vorspeise vor einem italienischem Menü.

1. Die Nudeln mit 1 EL Öl in eine große Salatschüssel geben. Leicht mengen. Die Muscheln dazugeben, wieder leicht mengen.
2. Das restliche Öl mit dem Zitronensaft und dem Knoblauch in ein Gefäß mit festschließendem Deckel geben. Gut schütteln. Petersilie, Basilikum, Minze, Parmesan-Käse, Salz und Pfeffer dazugeben. Wieder gut schütteln. Dressing über die Nudeln und Muscheln gießen. Mischen.
3. Ca. 2 Stunden zugedeckt im Kühlschrank kühlstellen. Nochmals mischen, servieren.

Linguini-Salat

ZUTATEN/FÜR 4–6 PERSONEN

- 4 große Tomaten, entkernt und grobgehackt
- 60 g marinierte Artischockenherzen, abgetropft und gehackt
- 4 TL frische Petersilie, gehackt
- 240 ml Italienisches Dressing (siehe S. 40)
- 1 TL Tabasco-Sauce
- 450 g Linguini (dünne Nudeln)

Dieser Salat ist schnell gemacht, wenn unerwartet Gäste eintreffen. Außerdem eignet er sich hervorragend als Beigabe zu Kalbfleischgerichten. Dünne Spaghetti können an Stelle der Linguini verwendet werden.

1. Tomaten, Artischockenherzen und Petersilie in eine Salatschüssel geben.
2. Italienisches Dressing und Tabasco in ein Gefäß mit festschließendem Deckel geben. Gut schütteln.
3. Tomaten und Artischockenherzen mit dem Dressing übergießen. Bei Zimmertemperatur ca. 1 Stunde ziehen lassen.
4. Die Linguini in einem großen Topf mit Salzwasser *al dente* kochen. Abgießen, abspülen und gut abtropfen. An den Salat geben. Gut mengen, servieren.

NUDEL- UND REISSALATE

Italienischer Reissalat

ZUTATEN/FÜR 6 PERSONEN

- 325 g gekochter Reis
- 110 g gekochter Schinken, gewürfelt
- 1 EL Kapern, abgetropft
- 1 große Tomate, entkernt und gehackt
- 60 g frischgeriebener Parmesan-Käse
- 3 EL/45 ml reines Olivenöl
- 3 EL/45 ml frischer Zitronensaft
- 1/2 TL Salz
- 1/2 TL schwarzer Pfeffer
- 1 EL frische Petersilie, gehackt
- 180 g eingelegte Artischockenherzen, abgetropft und grobgehackt

• Foto gegenüber, oben

In Italien wird dieser Salat mit Arborio-Rundkornreis gemacht, aber Langkorn- oder Naturreis eignen sich ebenso. Reissalat kann vor oder mit gebratenem Fisch, Kalbfleisch oder Geflügel gereicht werden.

1. Reis, Schinken, Kapern, Tomaten und Parmesan-Käse in eine Salatschüssel geben. Leicht mengen.
2. Öl, Zitronensaft, Salz, Pfeffer und Petersilie in ein Gefäß mit festschließendem Deckel geben. Gut schütteln.
3. Den Reissalat mit dem Dressing übergießen, mischen. Mit dem Artischockenherzen garnieren. Bei Zimmertemperatur ca. 1 Stunde ziehen lassen, servieren.

Makkaroni-Salat

ZUTATEN/FÜR 6–8 PERSONEN

- 180 ml Mayonnaise
- 2 TL Dijon-Senf
- 1 EL Weißweinessig
- 1/4 TL Selleriesamen
- 450 g Makkaroni, gekocht
- 110 g Stangensellerie, gehackt
- 90 rohe Möhren, gehackt
- 60 g Radieschen, in Scheiben
- 3 EL grüne, mit Paprika gefüllte Oliven, gehackt
- 3 EL rote Paprikaschote, gehackt
- 5 EL Frühlingszwiebeln, gehackt
- 2 EL frische Petersilie, gehackt
- 3/4 TL Salz
- 1/4 TL frischgemahlener schwarzer Pfeffer

• Foto gegenüber, unten

Entgegen weitläufiger Meinung ist Makkaroni-Salat keine Entschuldigung für die Verwendung übriggebliebener Gemüsereste. Um zu vermeiden, daß der Salat matschig wird, nur frische, keine gekochten Gemüse verwenden und die Makkaroni nur al dente *kochen. Makkaroni-Salat eignet sich hervorragend für Sommer-Picknicks und Grillfeste.*

1. Mayonnaise, Senf, Essig und Selleriesamen in eine kleine Rührschüssel geben. Mit der Gabel oder mit einem elektrischen Handmixer schlagen.
2. Makkaroni in eine große Schüssel geben und die Mayonnaise-Mischung darübergeben. Gut mischen. Sellerie, Möhren, Radieschen, Oliven, Paprika, Zwiebeln und Petersilie dazugeben. Gut mengen. Mit Salz und Pfeffer würzen. Nochmals mischen.
3. Salat ca. 1 1/2 Stunden kühlstellen. Aus dem Kühlschrank nehmen, servieren.

KÖRNERSALATE

Tabouleh

Tabouleh wird aus Hartweizen (burghul) gemacht, der gedämpft und aufgebrochen wurde. Würde man statt dessen die Weizenkörner mahlen, hätte man Weizenmehl. Tabouleh ist ein libanesisches Gericht, das im gesamten Nahen Osten zum Picknick serviert wird. Die frische Minze ist unerläßlich. Reichlich davon nehmen, nicht zu wenig — und niemals getrocknete Minze nehmen. Tabouleh paßt gut zu gegrilltem Fleisch.

1. Den Hartweizen in eine Schüssel geben und mit dem kochenden Wasser übergießen. Umrühren und ca. 35 Minuten zugedeckt stehen lassen.
2. Abgießen, das letzte Wasser mit der Hand auspressen. Weizen in eine Schüssel geben. Zwiebeln, Minze, Tomaten und Petersilie dazugeben. Leicht mischen.
3. Olivenöl dazugeben. Gut unterrühren, vermengen. Zitronensaft, Salz und Pfeffer dazugeben. Wieder gut umrühren.
4. Tabouleh auf einer Unterlage aus Salatblättern mit schwarzen Oliven garniert servieren.

ZUTATEN/FÜR 6 PERSONEN

225 g Hartweizen
475 ml kochendes Wasser
110 g Frühlingszwiebeln, gehackt
5 EL frische Minze, gehackt
2 mittelgroße Tomaten, entkernt und gehackt
110 g frische Petersilie, gehackt
75 ml reines Olivenöl
90 ml frischer Zitronensaft
½ TL Salz
½ TL frischgemahlener schwarzer Pfeffer
10 große Salatblätter
10 schwarze Oliven

• Foto gegenüber

Nudelsalat mit Hühnerfleisch

Als Hauptgericht bietet dieser bunte Salat eine Menge kontrastierender Konsistenzen und Geschmacksrichtungen.

1. Nudeln in kochendem Salzwasser *al dente* kochen. Abgießen, abspülen und abkühlen lassen.
2. Den Apfel entkernen aber nicht schälen, da die rote Schale dem Salat Farbe verleiht. In Scheiben schneiden und mit Zitronensaft beträufeln.
3. Salatzutaten miteinander vermengen und mit der Mayonnaise, in die etwas Kurkuma (Gelbwurz) gemischt wurde, übergießen.

ZUTATEN/FÜR 4 PERSONEN

350 g muschelförmige Nudeln
1 rotbäckiger Tafelapfel
Zitronensaft
175 g Hühnerfleisch, gekocht und gewürfelt
6 Spargelstangen, gekocht und in Stücke geschnitten, oder 1 Dose Stangenspargel
2—3 Selleriestangen, gehackt
300 ml Mayonnaise
Kurkuma (Gelbwurz) nach Geschmack

FLEISCH- UND GEFLÜGELSALATE

Curry-Hühner-Salat mit Aprikosen

ZUTATEN/FÜR 4–6 PERSONEN

4 Hühnerbrüste ohne Haut und Knochen

60 g ungesalzene Butter

240 ml Joghurt natur

60 g Currypulver

1 TL Salz

Frischgemahlener schwarzer Pfeffer nach Geschmack

225 g kernlose grüne Weintrauben

450 g getrocknete Aprikosen, in Streifen geschnitten

450 g Mandarinen aus der Dose, abgetropft

225 g Cashew-Kerne

120 ml Aprikosen-Likör

6–8 Salatblätter

• Foto gegenüber, oben

Ein trockener, kühler Weißwein paßt ausgezeichnet zu diesem Salat, der sich als Hauptgericht eignet. Um den Geschmack noch würziger zu machen, kann man 1 TL gemahlenen Kardamom und 1 Prise Cayenne-Pfeffer hinzufügen.

1. Die Hühnerbrüste in Würfel schneiden. Butter in einer großen Bratpfanne zergehen lassen. Hühnerfleisch dazugeben und bei mittlerer Hitze unter häufigem Wenden ca. 70 Minuten garen. Die Würfel dürfen nicht braun werden. Mit einem Schaumlöffel das Hühnerfleisch herausnehmen und in eine große Rührschüssel geben.
2. Joghurt und Currypulver in einer kleinen Schüssel vermengen. Die Mischung an das Hühnerfleisch geben. Mit Salz und Pfeffer und — wahlweise — mehr Currypulver würzen.
3. Weintrauben, Aprikosen, Mandarinen, Cashew-Kerne und Aprikosen-Likör dazugeben. Alles gut vermengen. Zugedeckt mindestens 1 Stunde im Kühlschrank kühlstellen.
4. Salatblätter in einer Schale anrichten. Den Hühnersalat daraufgeben, servieren. Nach Wunsch mit zusätzlichen Früchten und Cashew-Nüssen garnieren.

Chinesischer Schweinefleisch-Salat

ZUTATEN/FÜR 4–6 PERSONEN

450 g frische Mungobohnen- oder Alfalfasprossen

1 mittelgroße Möhre, geschält und geraspelt

450 g gebratenes Schweinefleisch, geschnitzelt

2 EL glattes Erdnußmus

3 EL/45 ml warmes Wasser

1/2 TL Salz

1 EL Zucker

1 TL Honig

1 EL Sesamöl

1½ EL Weißweinessig

1 EL Erdnußöl

1 TL Tabasco-Sauce

2 Knoblauchzehen, feingehackt

3 EL Frühlingszwiebeln, feingehackt

ZUM GARNIEREN:

Tomatenrosen-Garnierung (siehe S. 24)

• Foto gegenüber, unten

Selbst ohne typisch chinesische Geräte oder Kochtechnik erreicht dieser Salat den echten chinesischen Geschmack. Das Dressing eignet sich auch gut für grüne Salate. Als Vorspeise servieren.

1. Bohnensprossen und Möhren in getrennten Töpfen in kochendem Wasser ca. 10 Sekunden blanchieren. Abgießen und mit kaltem Wasser abspülen. Gut abtropfen lassen und mit Küchenkrepp abtupfen.
2. Bohnensprossen und Möhren auf einer Platte anrichten. Das gebratene Schweinefleisch darauflegen.
3. Erdnußmus und warmes Wasser in ein Glas mit festschließendem Deckel geben, gut verrühren. Salz, Zucker, Honig, Essig, Sesamöl, Erdnußöl und Tabasco dazugeben. Gut schütteln. Knoblauch und Zwiebeln dazugeben. Wieder schütteln. Dressing über das Schweinefleisch gießen. Servieren.

FLEISCH- UND GEFLÜGELSALATE

Spanischer Hühnersalat

ZUTATEN/FÜR 6—8 PERSONEN

700 g gekochtes Hühnerfleisch, zerkleinert

110 g Salami, gewürfelt

3 mittelgroße Kartoffeln, geschält, gekocht und gewürfelt

1 rote oder grüne Paprikaschote, entkernt und grobgehackt

110 g Piment, gehackt

225 g gekochte Erbsen

2 Radieschen, dünngeschnitten

2 EL Kapern, abgetropft

110 g gefüllte grüne Oliven, geviertelt

3 EL trockener Sherry

120 ml reines Olivenöl

60 ml Rotweinessig

1/4 TL weißer Pfeffer

1 großer Kopfsalat

2 hartgekochte Eier, gehackt

6—8 gekochte Spargelstangen

8 Petersilienzweiglein

1 mittelgroße Zwiebel, in Ringe geschnitten

• Foto gegenüber

Hierfür kann man sehr gut Reste von Hühnerfleisch verwenden. Das Rezept erlaubt Variationen, man kann nach Belieben andere Gemüsesorten verwenden.

1. Hühnerfleisch, Salami, Kartoffel, gehackte Paprika, Piment, Erbsen, Radieschen, Kapern und Oliven in eine Rührschüssel geben.
2. Sherry, Olivenöl, Essig und Pfeffer in ein Gefäß mit festschließendem Deckel geben. Gut schütteln.
3. Dressing über den Salat gießen. Gut vermengen. Salat zugedeckt 4—6 Stunden kühlstellen.
4. Salatblätter auf einer Platte anrichten.
5. Die gehackten Eier an den Salat in der Schüssel geben, mischen. Überschüssiges Dressing aus der Schüssel abgießen. Den gemischten Salat auf die Salatblätter geben. Mit dem Spargel, Petersilie und Zwiebelringen garnieren. Servieren.

Schinkensalat

ZUTATEN/FÜR 6 PERSONEN

450 g Schinken, gewürfelt

225 g Äpfel, geschält, entkernt und gewürfelt

225 g Sellerie, gewürfelt

110 g gekochter Spargel, grobgehackt

2 hartgekochte Eier, gehackt

2 EL frische Petersilie, gehackt

240 ml Senf-Vinaigrette (siehe S. 35)

1/2 Senfkohl (wahlweise)

Die Vinaigrette an diesem Salat ist eine willkommene Abwechslung von der üblichen Mayonnaise. Auch hier kann man gut Schinkenreste verwenden. Man kann statt der Äpfel auch gewürfelte Kartoffeln nehmen. Ergibt ein herzhaftes Sommeressen, zu dem Ihr Lieblingswein (rot oder weiß) gut paßt.

1. Schinken, Äpfel, Sellerie, Spargel, Eier und Petersilie in eine Salatschüssel geben. Gut mischen.
2. Dressing über den Salat geben, leicht unterheben. Mit Senfkohlblättern garnieren und servieren.

FLEISCH- UND GEFLÜGELSALATE

Kalbfleischsalat mit Walnuß-Dressing

Dieser herzhafte Salat eignet sich als Hauptgericht, dazu paßt Rotwein. Das Fleisch kann schon 1–2 Tage vorher gekocht werden; das Dressing erst kurz vor dem Servieren bereiten.

ZUTATEN/FÜR 4 PERSONEN
1,5 kg Kalbsschulter, ohne Knochen
2 Möhren, in Stücken
2 Selleriestangen, in Stücken
3 Zwiebeln, geviertelt
8 Petersilienzweiglein
4 Knoblauchzehen
10 schwarze Pfefferkörner, ganz
1¼ TL Salz
120 ml Walnußöl
75 g grobgehackte Walnüsse
2 EL Weißweinessig
1 TL feingehackte grüne Pfefferkörner, abgetropft
2 reife Avocados

1. Kalbfleisch, Möhren, Sellerie, Zwiebeln, Petersilie, Knoblauch, schwarze Pfefferkörner und ½ TL Salz in eine Pfanne geben. Wasser zugießen, bis alles bedeckt ist. Zugedeckt ca. 2–2½ Stunden bei mittlerer Hitze kochen, bis das Fleisch gar ist.
2. Fleisch aus der Pfanne nehmen. Flüssigkeit in der Pfanne für Fond aufheben oder weggießen. Wenn das Fleisch abgekühlt ist, in Stücke teilen.
3. Fleischstücke in eine große Rührschüssel geben und ½ TL Salz und 2 EL Walnußöl dazugeben. Mischen.
4. 1 EL Walnußöl in einer kleineren Pfanne erhitzen. Walnüsse dazugeben und unter ständigem Rühren ca. 4 Minuten bräunen. Vom Feuer nehmen und zur Seite stellen.
5. Das restliche Öl, den Essig, grünen Pfeffer und restliches Salz in einer kleinen Schüssel vermengen.
6. Avocados schälen. Halbieren und den Stein entfernen. Die Hälften in 6 lange Streifen schneiden. An das Dressing geben, mischen.
7. Das Fleisch auf einer Platte anrichten. Die Avocadostreifen drum herumlegen. Gebräunte Walnüsse auf die Avocadostreifen streuen. Dressing auf den Salat geben. Servieren.

Italienischer gemischter Fleischsalat

Die Zahl der geräucherten und getrockneten Fleischsorten Italiens ist recht eindrucksvoll. Gewöhnlich werden sie als antipasti und nicht als Hauptgericht serviert. Salami und Würstchen werden z. B. nach jahrhundertealten Rezepten von den Bergbauern gemacht. Hier nun eine kleine Auswahl an italienischem Fleisch. Hübsch auf einer Platte angerichtet, ergeben diese Fleischsorten eine appetitliche Vorspeise.

ZUTATEN/FÜR 4 PERSONEN (wie abgebildet, von oben nach unten)
Prosciutto crudo, ein delikater getrockneter Schinken
Salami Ungherese, deftig und fett
Manzo salato, gepökeltes Rindfleisch
Pastrami, getrocknetes und geräuchertes Rindfleisch
Sasiccia di Fegato, Leberwurst
Milano Salami, mit Knoblauch, Pfeffer und Weißwein gewürzt
Bologna, Mischung aus gekochtem, geräuchertem Schweine- und Rindfleisch

• Foto gegenüber

FLEISCH- UND GEFLÜGELSALATE

Deutscher Rindfleischsalat

Mit einem frischen Gemüsesalat oder grünem Salat serviert ergibt dieser Fleischsalat ein gehaltvolles Hauptgericht. Es kann auch 1–2 Tage vorher bereitet werden, muß dann aber in einem gut schließenden Gefäß im Kühlschrank gelagert werden.

1. Senf, Rinderbrühe, Öl, Essig, Salz und Pfeffer in ein Gefäß mit festschließendem Deckel geben. Gut schütteln.
2. Rindfleisch, Tomaten, Eier, Kartoffeln, Zwiebeln und Gewürzgurken in eine Salatschüssel geben. Mischen.
3. Dressing über den Salat gießen, mischen. Zugedeckt ca. 1½ Stunden kühlstellen. Leicht vermengen, mit Petersilie garnieren, servieren.

ZUTATEN/FÜR 6 PERSONEN

2 EL/30 ml Dijon-Senf

120 ml Rinderbrühe

75 ml Speiseöl

60 ml Rotweinessig

½ TL Salz

½ TL frischgemahlener schwarzer Pfeffer

900 g gekochtes Rindfleisch, gewürfelt

2 große Tomaten, gewürfelt

2 hartgekochte Eier, gehackt

2 große Kartoffeln, geschält, gekocht und gewürfelt

2 kleine Zwiebeln, feingehackt

10 kleine Gewürzgurken, feingehackt

110 g frische Petersilie, gehackt

ZUM GARNIEREN:

Gurken-Fächer-Garnierung (siehe S. 24)

• Foto gegenüber

Hühnersalat mit Senf

Die einfache Mayonnaise in diesem Rezept kann auch durch Curry-Mayonnaise I (siehe S. 38) oder Curry-Mayonnaise II (siehe S. 38) ersetzt werden. Der Salat eignet sich als Hauptgericht, dazu paßt ein vollmundiger, trockener Rotwein.

1. Hühnerfleisch in eine Schüssel geben.
2. Artischockenherzen in Achtel schneiden, dazugeben. Zwiebeln, Dill, Salz und Pfeffer dazugeben. Leicht mengen.
3. Senf mit der Mayonnaise zu einer sämigen Mischung vermengen. Senfmayonnaise an das Hühnerfleisch geben. Gut mischen. Zugedeckt ca. 2 Stunden im Kühlschrank kühlstellen.
4. Senfkohlblätter in einer Schüssel anrichten. Hühnersalat daraufgeben, mit den Tomaten und der Petersilie garnieren. Servieren.

ZUTATEN/FÜR 6 PERSONEN

900 g gekochte Hühnerbrüste, zerkleinert

225 g gekochte Artischockenherzen

110 g Frühlingszwiebeln, gehackt

3 EL grobgehackter frischer Dill

½ TL Salz

½ TL frischgemahlener schwarzer Pfeffer

3 EL/45 ml Dijon-Senf

320 ml Mayonnaise

1 Kopf Senfkohl

2 große Tomaten, in Achtel geschnitten

6 frische Petersilienstengel

FLEISCH- UND GEFLÜGELSALATE

Entensalat

ZUTATEN/FÜR 6–8 PERSONEN

1,5 kg gekochte Ente, in Scheiben
110 g Schalotten, in Ringen
2 EL Weißweinessig
2 EL frischer Orangensaft
1 TL Dijon-Senf
¼ TL Salz
3 EL Walnußöl
3 EL reines Olivenöl
1 Bund Brunnenkresse
225 g frische Kirschen

• Foto gegenüber

Entensalat eignet sich hervorragend für ein kaltes Büffet. Dazu paßt ein Rheinwein gut.

1. Entenfleisch auf einer Platte anrichten. Schalotten dazugeben.
2. Essig, Orangensaft, Senf und Salz in eine kleine Schüssel geben. Mit einer Gabel verrühren, bis das Salz aufgelöst ist. Unter ständigem Rühren langsam das Walnuß- und das Olivenöl dazugeben.
3. Dressing über den Entensalat geben. Brunnenkresse und Kirschen dazugeben. Servieren.

Schinken- und Kartoffelsalat mit Sesam

ZUTATEN/FÜR 4 PERSONEN

1 kg Kartoffeln, vorgekocht und in Stücke geschnitten
2 EL Sesamkerne
250 g Möhren, geraspelt
50 g dicke Sultaninen
325 g gekochter Schinken, gewürfelt
1 TL Limonensaft
Öl (vorzugsweise Sesamöl)
Salz und frischgemahlener Pfeffer

Die Sesamkerne geben diesem Salat seinen ungewöhnlichen Geschmack.

1. Kartoffeln in Öl braten und Sesamkerne dazugeben. Gut vermengen, bis alle Kartoffeln mit Kernen bedeckt sind. Auf einen Teller geben und abkühlen lassen.
2. Alle Zutaten miteinander vermengen.
3. Aus dem Limonensaft und dem Sesamöl im Verhältnis 2:1 ein Dressing machen und über den Salat gießen.
4. Gut mit Salz und Pfeffer würzen, mischen, servieren.

WALDORF-SALATE

Kalifornischer Waldorf-Salat

Diese neuerliche Waldorf-Variante benutzt Weintrauben und die in Kalifornien beliebten Bohnensprossen. Da er süßer als das ursprüngliche Rezept für Waldorf-Salat ist, sollte Kalifornischer Waldorf-Salat nur als Nachspeise oder Dessert gereicht werden.

1. Bohnensprossen in kochendem Wasser ca. 45 Sekunden blanchieren. Abgießen und mit kaltem Wasser abspülen. Gut abtropfen lassen. Bohnensprossen grob hacken.
2. Äpfel, Sellerie, Mandeln und Champignons in eine große Schüssel geben. Gut mit einem Holzlöffel mengen.
3. Joghurt-Mayonnaise dazugeben und gründlich mengen.
4. Salatblätter auf einer Platte anrichten. Bohnensprossen in die Mitte geben. Die vermischten Zutaten dazugeben, mit den halbierten Weintrauben garnieren. Servieren.

ZUTATEN / FÜR 6 PERSONEN

110 g Mungobohnen- oder Alfalfasprossen

3 säuerliche Äpfel, entkernt und gewürfelt, aber nicht geschält

450 g Stangensellerie, gehackt

60 g Mandelsplitter

3 große Champignons, grobgehackt

240 ml Joghurt-Mayonnaise (siehe S. 39)

10 Salatblätter

110 g kernlose Trauben, halbiert

• *Foto gegenüber, oben*

Waldorf-Salat

Oscar M. Tschirsky, besser bekannt als Oscar vom Waldorf, war der Maître d'Hôtel des weltbekannten Waldorf Astoria Hotels in New York von 1893 bis 1943. Nach ihm ist der berühmte Salat benannt, er war seine Erfindung. Ursprünglich waren in dem Salat keine Walnüsse, aber heutzutage werden sie für unentbehrlich gehalten.

1. Äpfel, Sellerie, Walnüsse und Rosinen in eine große Schüssel geben. Zitronensaft, Mayonnaise, Salz und Pfeffer dazugeben. Gut mischen.
2. Salat auf einer Platte anrichten. Nach Wunsch mit Apfelscheiben und Chicorée garnieren.

ZUTATEN / FÜR 4–6 PERSONEN

3 säuerliche Äpfel, entkernt und gewürfelt, aber nicht geschält

450 g Stangensellerie, gehackt

110 g Walnüsse, grobgehackt

3 EL Rosinen

3 EL frischer Zitronensaft

180 ml Mayonnaise

1 TL Salz

1/2 TL frischgemahlener schwarzer Pfeffer

• *Foto gegenüber, unten*

OBSTSALATE

Südsee-Salat

Wenn mitten im Winter die Sonne ein blasser, kalter Kreis am Himmel sein sollte, wird Sie dieser Salat an die warmen, sonnigen Strände, an den strahlend blauen Himmel und an die weichen Wellen einer Südseeinsel versetzen — wenn auch nur für einige Minuten.

1. Papaya, Banane, Trauben, Ananas und Mandarinenstücke in kleinen Schalen anrichten.
2. Erdnußöl, Sesamöl, Limonensaft, Salz und Zucker in den Mixer geben. Gut mischen.
3. Dressing über den Salat geben. Die Schalen zugedeckt ca. 1–2 Stunden im Kühlschrank kühlstellen. Servieren.

ZUTATEN/FÜR 6–8 PERSONEN

2 reife Papayas, geschält, entkernt und gewürfelt

2 große Bananen, geschält und gewürfelt

110 g kernlose grüne Weintrauben, halbiert

225 g Ananas, gewürfelt

3 Mandarinen, geschält, weiße Haut und Kerne entfernt, in Stücken

75 ml Erdnußöl

15 ml Sesamöl

60 ml frischer Limonensaft

1/4 TL Salz

2 EL Zucker

- Foto gegenüber

Erdbeer-Avocado-Salat

Dieser attraktive Salat kann als Vorgericht oder Beigabe zu schlichtem weißem Fleisch, Fisch oder Eigerichten gereicht werden. Eignet sich aber auch als ungewöhnlicher Nachtisch.

1. Avocado halbieren und Stein entfernen. Mit einem Metallöffel vorsichtig das Fruchtfleisch aus der Schale lösen. Jede Hälfte in Scheiben schneiden und auf dem Rand einer Servierplatte anrichten.
2. Erdbeeren putzen und waschen. In der Mitte der Platte anhäufen.
3. Erdbeeressig und Olivenöl vermengen und über den Salat geben. Mit reichlich schwarzem Pfeffer würzen.

ZUTATEN/FÜR 2 PERSONEN

1 reife Avocado

175 g Erdbeeren

1 EL Erdbeer-Essig

1 EL Olivenöl

Reichlich frischgemahlener schwarzer Pfeffer

OBSTSALATE

Melonensalat mit Ingwersauce

ZUTATEN/FÜR 6–8 PERSONEN

180 ml süße Sahne

1 TL frischer Zitronensaft

1 EL Puderzucker

1/8 TL Cayenne-Pfeffer

3 große Stücke eingelegter Ingwer, fein gehackt

60 g Mandeln, gehackt

2 große Melonen nach Wahl, geschält, entkernt und gewürfelt

• Foto gegenüber, oben

Ein französischer Sauternes oder ein spanischer Sherry paßt ausgezeichnet zu diesem Salat. Eignet sich vorzüglich als Nachspeise zu einem Geflügelmenü.

1. Sahne, Zitronensaft, Zucker und Cayenne-Pfeffer in eine Schüssel geben. Sahne schlagen, bis sie fest, aber nicht steif wird. Ingwer und Mandeln dazugeben, 1 EL Mandeln zurückbehalten. Weiterschlagen, bis die Sahne steif wird. Zugedeckt bis kurz vor dem Servieren kühlstellen.
2. Melone in einer Schale anrichten und kühlstellen.
3. Kurz vor dem Servieren Melonenwürfel mit der Ingwersahne übergießen. Mit den restlichen Mandeln bestreuen. Servieren.

Birnensalat

ZUTATEN/FÜR 4 PERSONEN

4 Tafelbirnen

1 Knoblauchzehe, zerdrückt

1 TL Salz

1 1/2 TL Zucker

1/2 TL getrockneter Estragon, zerdrückt

1/2 TL getrocknetes Basilikum, zerdrückt

2 1/2 EL/40 ml Rotweinessig

2 1/2 EL/40 ml Olivenöl

2 1/2 EL/40 ml Wasser

1 EL/15 ml Sherry

100 g Stangensellerie, grob gehackt

100 g grüner Pfeffer, grob gehackt

50 g Frühlingszwiebel, in Scheiben

2 große reife Tomaten, feingehackt

4 Salatblätter, gekühlt

• Foto gegenüber, unten

Eine ungewöhnliche Mischung aus Obst und Gemüse. Ein leichter und erfrischender Salat, als Vorspeise ideal.

1. Birnen waschen und im Kühlschrank kühlen.
2. Knoblauch, Salz und Zucker in einer Schüssel vermengen. Estragon, Basilikum, Essig, Öl, Wasser und Sherry dazugeben. Schlagen, bis alles gut vermengt ist. In ein 1/2-l-Gefäß geben und zugedeckt ca. 1 1/2 Stunden stehen lassen.
3. Sellerie, grüner Pfeffer, Zwiebeln und Tomaten in eine Schüssel geben. 1 Stunde kaltstellen.
4. Gemüse und Birnen aus dem Kühlschrank nehmen. Dressing gut durchschütteln. Die Hälfte des Dressings über das Gemüse gießen, mischen.
5. Je 1 Salatblatt auf eine Servierschale legen.
6. Birnen halbieren und entkernen. Birnenhälften mit der Schnittseite nach oben auf das Salatblatt legen. Mit der Gemüsemischung belegen. Restliches Dressing darübergeben und servieren.

OBSTSALATE

Pfirsichsalat mit Champagner

Nicht unbedingt Ihren besten Champagner für dieses Rezept opfern! Die Pfirsiche können durch 700 g frische Erdbeeren ersetzt werden, wenn Saison ist. Den Salat mit starkem Espresso-Kaffee servieren.

1. Die Pfirsichstücke mit einer Gabel anpieken.
2. Orangensaft, Limonensaft, Zimt und Zucker in ein Gefäß mit festschließendem Deckel geben. Gut schütteln.
3. Pfirsiche in eine Schüssel geben und die Orangensaftmischung darübergeben. Sekt dazugeben und leicht mischen. Zugedeckt ca. 2–3 Stunden kühlstellen. In kleinen Schalen servieren.

ZUTATEN/FÜR 6 PERSONEN

6 reife Pfirsiche, entsteint und dünn geschnitten

3 EL/45ml frischer Orangensaft

3 EL/45 ml frischer Limonensaft

1/8 TL Zimt

1 EL Puderzucker

475 ml Champagner (Sekt)

• *Foto gegenüber, oben*

Sonnenschein-Obstsalat

Mit seinen Orange- und Rottönen ist dieser Salat ein Augenschmaus. Obstsalat-Sirupdressing (siehe S. 43) kann an Stelle des Ahornsirups genommen werden. Dabei sollte dann zusätzlich 1 EL Crème de Cacao genommen werden.

1. Grapefruit halbieren. Segmente herausnehmen. Die weiße Haut entfernen, entkernen, auseinanderbrechen. Die Grapefruitschalenhälften aufheben.
2. Grapefruitfleisch, Bananen, Mandarinen, Ananas und gehackte Kirschen in eine Schüssel geben. Leicht mischen. Ahornsirup und Creme de Cacao dazugeben. Nochmals leicht vermengen.
3. Die Grapefruitschalen mit dem Obstsalat füllen. Auf jeden Salat eine Maraschino-Kirsche setzen. Kühl stellen bis kurz vor dem Servieren.

ZUTATEN/FÜR 4 PERSONEN

2 Grapefruit

225 g Bananen, dünn geschält

110 g Mandarinensegmente (wenn aus der Dose, gut abtropfen)

225 g Ananasstücke

1 EL rote Maraschino-Kirschen, feingehackt

3 EL reiner Ahornsirup

1 EL Crème de Cacao

4 Maraschino-Kirschen

• *Foto gegenüber, unten*

OBSTSALATE

Karibischer Obstsalat

Kinder lieben diesen Salat — wie ihre Eltern auch. Das Obst muß so frisch wie möglich sein. Wenn keine frischen Heidelbeeren erhältlich sind, tiefgefrorene nehmen.

1. Heidelbeeren, Pfirsiche, Trauben, Ananas, Honigmelone, Mandarinen, Cantaloup-Melone, Käse und Datteln auf einer großen Platte anrichten.
2. Honig und Rum an die Joghurt-Mayonnaise geben und gut vermengen. Dressing in einer kleinen Schale in die Mitte der Servierplatte setzen.
3. Bananenstücke leicht in den Mandelstücken wälzen, an den Obstsalat geben. Jeder Gast soll sich seinen Anteil an Salat und Dressing nehmen und auf seinem Teller selbst mischen.

ZUTATEN/FÜR 6–8 PERSONEN

225 g Heidelbeeren oder schwarze Johannisbeeren

225 g Pfirsiche, entsteint und dünn geschnitten

225 g kernlose Weintrauben, grüne und blaue, halbiert

225 g frische Ananasstücke

225 g Honigmelone, gewürfelt

5 Mandarinen, geschält, weiße Haut entfernt, zerteilt und entkernt

225 g Cantaloup-Melone (Netz-Melone), gewürfelt

225 g Gruyère-Käse, gewürfelt

225 g frische Datteln

240 ml Joghurt-Mayonnaise (siehe S. 39)

1 EL Honig

2 EL Rum

2 große Bananen, halbiert

110 g Mandeln, feingehackt

• *Foto gegenüber*

Dattelpflaumen-Salat

Dattelpflaumen, auch Äpfel des Ostens genannt, sind bunt und dekorativ. Sie ergeben eine sehr ungewöhnliche Salatvorspeise.

1. Dattelpflaumen, Stielseite nach unten, auf eine Platte legen. Vorsichtig die Haut oben einritzen (ein X machen). Vorsichtig häuten, damit die Haut intakt bleibt. Das Fruchtfleisch mit einem Löffel herausheben. Jede Dattelpflaume auf ein Salatblatt setzen.
2. Joghurt und Zitronensaft in einer kleinen Schale verrühren. Über die Dattelpflaumen geben, mit den gehackten Nüssen bestreuen. Sofort servieren oder kurz vorher kühlstellen.

ZUTATEN/FÜR 4 PERSONEN

4 sehr reife Dattelpflaumen

4 knusprige Salatblätter

4 EL Joghurt oder saure Sahne

1 TL Zitronensaft

100 g gehackte Cashewnüsse (roh)

Index

Kursive Seitenzahlen beziehen sich auf die Abbildungen

Aïoli 39
Allzweckdressing 40
Amerikanisches Dressing 38
Andalusischer Muschel-
  salat 96; *97*
Avocado- und Grapefruit-
  salat 66; *67*
Avocadosalat
  mit Garnelen 96; *97*

Balsam 14; *14*
Balsamessig 30
Barbecue-Salat 66
Basilikum 15; *15*
Basilikum, getrocknet 17; *17*
Baumwollsamenöl 28
Birnensalat 121; *120*
Bohnen, s. Cannellini-Bohnen
Bohnensalat
  mit Thunfisch 81; *80*
Bohnensprossen 18; *18*
Bostonsalat, s. Kopfsalat
Brauner Derby-Salat,
  Irvin Cobb's 58; *59*
Brunnenkresse 13; *11*
Burghul 19; *19*
Butterkopf, s. Kopfsalat
Buttermilchdressing 36; *36*

Cachcombar 76; *77*
Caesar-Salat 49; *48*
Cannellini-Bohnen 19, 46; *19*
Cashewnüsse 18; *18*
Cayennepfeffer 17; *17*
Chicorée 10; *10*
Chicoréesalat 52; *53*
Chili-Pfeffer 16; *16*
Chinablattkohl 10; *11*
Chinablumenkohl, s. Choy sum
Chinesischer Broccoli 13; *13*

Chinesicher Lotuswurzel-
  Salat 71; *70*
Chinesischer Schweinefleisch-
  salat 107; *106*
Chinesisches Dressing 36
Choy sum 13; *12*
Cidre-Essig 32; *33*
Couscous 19; *19*
Creme fraîche 39
Croûtons, Knoblauch- 49
Curry-Hühnersalat
  mit Aprikosen 107; *106*
Curry-Mayonnaise I und II 38
Currypulver 17; *17*

Dänischer Pilz- und
  Kresse-Salat 62
Dattelpflaumen-Salat 124
Destillierter Essig 32
Deutscher Kartoffelsalat 72; *73*
Deutscher Rindfleisch-
  salat 112; *113*
Dill 14; *14*
Dillkraut 16; *16*
Distelöl 28

Eichenblattsalat 13; *11*
Eiersauce 42
Eingelegter Chinakohl und
  Blumenkohl 61; *60*
Eisbergsalat 13; *11*
Endivie 10; *10*
Entensalat 115; *114*
Erdbeer-Avocado-Salat 118
Erdnußöl 28; *30*
Essig 28, 30, 32, *32—33*
Eßkastanien 19; *19*
Estragonessig 32; *33*
Estragon, getrocknet 17; *17*

Feldsalat 13; *12*
Fenchel 15; *15*
Fenchelsalat 55; *54*

Chinesicher Lotuswurzel-
Französisches Garten-
  dressing 36—37; *37*
Frischer Kräuteressig 34
Frühlingszwiebelquasten 25; *25*

Garnelen 46
Gebrochener Weizen 19; *19*
Gekochte Salatsauce 42; *42*
Gemischter grüner Garten-
  salat 51
Gemischter grüner Salat
  mit Champignons 52; *53*
Gewürzgurkenfächer 24; *24*
Griechischer Schwertfisch-
  salat 88; *89*
Grüne Mayonnaise 39
Gurkenkegel 25; *25;*
Gurkenringe 24; *24*

Haselnußöl 28
Hausgemachte
  Mayonnaise 41; *41*
Himbeeressig 34—35; *33*
Honig-Früchte-Mayonnaise 43
Huhn 46
  Nudelsalat mit Hühner-
    fleisch 104
  Curry-Hühner-Salat mit
    Aprikosen 107, *106*
  Hühnersalat mit Senf 112; *113*
  Spanischer Hühner-
    salat 109; *108*

Ingwer 16
Italienischer gemischter Fleisch-
  salat 110; *111*
Italienischer Meeresfrüchte-
  Salat 93; *92*
Italienischer Reissalat 103; *102*
Italienischer Zucchini-Salat 75
Italienisches Dressing 40; *40*

Jakobsmuscheln-Seviche 87
Japanischer Gurkensalat 69; *68*
Japanisches Dressing 38
Joghurt-Mayonnaise 39
Joghurt-Vinaigrette 35

Käse:
  Italienischer Fontinakäse-
    Salat 82; *83*
  Linsensalat mit Feta-
    käse 82; *83*
  Roquefort-Saure-Sahne
    Dressing 40
  Tomatensalat
    mit Mozzarella 75; *74*
Kalbfleischsalat mit Walnuß-
  dressing 110
Kalifornischer Salat 58
Kalifornischer Waldorf-
  salat 116; *117*
Kapern 19; *19*
Kardamonschoten 17; *17*
Karibischer Obstsalat 124; *125*
Kerbel, getrocknet 16; *16*
Kichererbsen 19; *19*
Kichererbsen-Salat 81; *80*
Klassische französische
  Vinaigrette 34
Knoblauch-Croûtons 49
Knoblauchessig 32; *33*
Kopfsalat 13; *12*
Koriander 15; *15*
Korianderdressing 36; *35*
Kräuteressig 32; *33*
Kräuterdressing 40; *40*
Krebsfleischsalat mit heißer
  Kapernsauce 93
Kresse 13; *11*
Kreuzkümmel 16; *16*

Lachs-Salat 87; *80*
Lattichsalat 13; *11*
Linguini-Salat 101
Linsen, braun 18; *18*
Lorbeer 15
Lotuswurzel 18; *18*

INDEX

Maisöl 26
Majoran 15; *15*
Majoran, getrocknet 17; *17*
Makkaroni-Salat 103; *102*
Malzessig 32
Mandeln 18; *18*
Mandelöl 28
Mangetout-Salat 57; *56*
Marokkanischer grüner Paprika-
 salat 76; *77*
Marokkanischer Salat 57
Maronen 19; *19*
Melonensalat mit Ingwer-
 sauce 129; *120*
Mignonette-Salat 13; *12*
Minze 14; *14*
Minze, getrocknet 17; *17*
Moderne Vinaigrette 34; *34*
Möhrenrollen 24; *24*
Mohn 16; *16*
Mungobohnensprossen 18; *18*
Muskat 17; *17*

Nam Prik Pak 65
Nepalesischer Eiersalat 84; *85*
Nizza-Salat 90; *91*
Nudelsalate 46
Nudelsalat
 mit Muscheln 101; *100*
Nudelsalat mit Schinken und
 Gemüse 99; *98*

Obstessig 32
Obstsalat 46
Öl 28; *30–31*
Olivenöl 28; *30*
Orangen-„Fliegen" 23; *23*
Orangenlocken 24; *24*
Orangen- und gemischter grüner
 Salat 51; *50*
Orangenzopf 23; *23*
Oregano, getrocknet 17; *17*

Pak Choi 10; *10*
Paprikablüten 25; *25*;
Paprika-Dressing 35; *35*
Petersilie 15; *15*
Pfirsichsalat
 mit Champagner 122; *123*
Pinienkerne 19; *19*
Pinienkerne und Gartenkresse 49

Radicchio 13; *11*
Radieschenfächer 23; *23*
Radieschenlilien 24; *23*
Radieschenrosen 23; *23*
Räucherfischsalat 88; *89*
Römischer Salat, s. Lattichsalat
Roquefort-Saure-Sahne-
 Dressing 40
Rosa Mayonnaise 38
Rosmarin 15; *15*
Russischer Heringssalat 95; *94*
Russischer Rettich-Gurken-
 Zakusi 78; *79*
Russisches Dressing 41; *41*

Sahnemayonnaise 39
Sahnige Salatsauce 38
Sahnige Senf-Vinaigrette 35
Salade Nicoise 90; *91*
Salatöl 28
Salatsauce „Ein Hauch
 von Asien" 37; *37*
Salbei 14; *14*
Sauerampfer 13; *13*
Schinken- und Kartoffelsalat
 mit Sesamkernen 115
Schinkensalat 109
Schnittlauch 14; *14*
Schwarzer Pfeffer 17; *17*
Schwedischer Tomatensalat 71
Selleriekörner 16; *16*
Selleriekohl, s. Chinablattkohl
Sellerielocken 23; *23*
Senf-Vinaigrette 35; *34*
Sesamöl 28; *31*
Sirupsauce für Obstsalate 43; *43*

Skandinavischer Heringssalat 95
Sojakuchen s. Tofu
Sojaöl 28
Som Tom 62; *63*
Sonnenblumenkernöl 28; *31*
Sonnenschein-Obstsalat 122; *123*
Spinat 13; *11*
Spinatsalat mit Speck 61
Südsee-Salat 118; *119*
Süße Joghurtsauce 43

Tabouleh 104; *105*
Tarama-Salat 65; *64*
Thailänder Wasserkastanien-
 Salat 78; *79*
Thousand-Island-
 Dressing 42; *42*
Thymian 14; *14*
Thymian, getrocknet 17; *17*
Tofu 19; *19*
Tofu-Bohnenkäse-
 Mayonnaise 39
Tofu-Thunfisch-Salat 90
Tomatenrosen 24; *24*
Tomatensalat
 mit Mozzarella 75; *74*
Tomatenschmetterlinge 23; *23*
Tomaten-Wasserrose 25; *25*
Tortellini-Salat 99
Traditioneller Eiersalat 84
Traditioneller Kartoffelsalat 72

Vinaigrette 35

Waldorfsalat 116; *117*
Walnüsse 19; *19*
Walnußöl 28; *31*
Webb's Salat 13; *12*
Weinessig 30; *32*
Weintraubenkernöl 28; *31*
Weißer Pfeffer 17

Weißkohlsalat nach Art des
 Nahen Ostens 69
Welker Kopfsalat 55; *54*

Zimt 16; *16*
Zitronendressing 37
Zitronen-„Fliegen" 23; *34*
Zitronengeranie 15; *15*
Zitronenzopf 23; *23*

Die Herausgeber möchten sich bei den folgenden Firmen dafür bedanken, daß sie Porzellan, Glaswaren und Küchengeräte zur Verfügung gestellt haben:

The Reject China Shop,
Beauchamp Place, Knightsbridge,
London SW1

David Mellor
(kitchen supplies),
Covent Garden, London WC2

Liberty,
Regent Street, London W1

Moulinex Ltd.